COORDENAÇÃO EDITORIAL
Camila Benatti e Andrea Becker

COMUNICAÇÃO ASSERTIVA

O QUE VOCÊ PRECISA SABER PARA MELHORAR SUAS RELAÇÕES PESSOAIS E PROFISSIONAIS

© LITERARE BOOKS INTERNATIONAL LTDA, 2021.
Todos os direitos desta edição são reservados à Literare Books International Ltda.

PRESIDENTE DO CONSELHO
Maurício Sita

PRESIDENTE
Alessandra Ksenhuck

VICE-PRESIDENTES
Cláudia Pires e Julyana Rosa

DIRETORA DE PROJETOS
Gleide Santos

DIRETOR DE MARKETING E DESENVOLVIMENTO DE NEGÓCIOS
Horacio Corral

EDITOR
Enrico Giglio de Oliveira

REVISORA
Priscila Evangelista

CAPA
Paulo Gallian

DESIGNER EDITORIAL
Victor Prado

IMPRESSÃO
Printi

Dados Internacionais de Catalogação na Publicação (CIP)
(eDOC BRASIL, Belo Horizonte/MG)

C741   Comunicação assertiva: o que você precisa saber para melhorar suas relações pessoais e profissionais / Coordenadoras Camila Benatti, Andrea Becker. – São Paulo, SP: Literare Books International, 2021.
200 p. : 14 x 21 cm

Inclui bibliografia
ISBN 978-65-5922-036-6

1. Comunicação. 2. Relações humanas. 3. Assertividade. I.Becker, Andrea. II. Título.
CDD 302.2

Elaborado por Maurício Amormino Júnior – CRB6/2422

LITERARE BOOKS INTERNATIONAL LTDA.
Rua Antônio Augusto Covello, 472
Vila Mariana — São Paulo, SP. CEP 01550-060
+55 11 2659-0968 | www.literarebooks.com.br
contato@literarebooks.com.br

PREFÁCIO

Existem duas formas de enxergarmos a comunicação: como um problema ou como um desafio. Quando a encaramos como um problema, temos a tendência de encontrar um culpado, nos eximimos da responsabilidade e, muitas vezes, nos vitimizamos. Já quando a encaramos como desafio, assumimos a responsabilidade pelos nossos atos na forma como conduzimos um diálogo e refletimos sobre nossas falhas com foco em aprendizado.

A comunicação assertiva exige mais do que ser um excelente orador, pois não se restringe a linguagem verbal; tem a ver com escolhas, comportamentos, gestão emocional, valores, crenças e necessidades. É para quem encara o processo de comunicação como desafio e aprendizado contínuos, é para aqueles que desejam aprimorar e ter sucesso em suas relações de forma mais assertiva e efetiva nos mais variados contextos.

É por isso que reunimos, nesta obra, profissionais da área de desenvolvimento humano para compartilhar a riqueza de seus conhecimentos e experiências em competências comportamentais e emocionais.

Sugiro que antes de começar esta leitura, você reflita:

- Você está cansado de atritos e discussões pouco ou nada produtivas?
- Deseja ter relações mais saudáveis?
- Está disposto a mudar a sua forma de falar ou ouvir?
- Está disposto a transformar o seu comportamento?
- Você está pronto para exercitar o autoconhecimento?

Se você respondeu "sim" para todas às questões, vamos em frente! Caso você tenha respondido "não" para algumas das questões, sugiro que retorne somente quando você estiver aberto às mudanças internas que a comunicação assertiva propõe.

Abrace as mudanças como oportunidades!
Desejo à todos uma boa leitura e um excelente aprendizado!
Bora evoluir!

Camila Benatti
Instagram: @camila_benatti

SUMÁRIO

3   PREFÁCIO
Camila Benatti

9   COMUNICAÇÃO E PERSUASÃO: TÉCNICAS PARA RESULTADOS
EFICAZES NAS INTERAÇÕES PROFISSIONAIS
Cláudia de Oliveira Mourão

17   O *MINDSET* DO COMUNICADOR ASSERTIVO
Willya Marcolino

25   A INTELIGÊNCIA EMOCIONAL E SUA RELAÇÃO COM
A COMUNICAÇÃO ASSERTIVA
Andrea Becker

33   EMPATIA: UMA FORÇA REVOLUCIONÁRIA
Mônica Splendore

41   COMUNICAÇÃO ASSERTIVA E EDUCAÇÃO EMOCIONAL
COMO FONTES DE PODER PESSOAL
Marisa Stabilito

49   COMUNICAÇÃO NÃO VERBAL
Raquel Barberino

59   A INFLUÊNCIA DOS TRAÇOS DE CARÁTER NA FORMA DE SE COMUNICAR
Yuri Motta

67   A EXPRESSÃO QUE AUMENTA A COLABORAÇÃO
Juliana Maroto & Thayna Meirelles

75 COMUNICAÇÃO PELOS SENTIDOS
Fernanda Neves Dall'Anese

83 COMUNICAÇÃO AFETIVA
Camila Benatti

93 MULHERES NO PODER - DESENVOLVA SUA COMUNICAÇÃO FEMININA
E TORNE-SE MARCANTE
Sara Trucolo

101 COMUNICAÇÃO EM LIDERANÇA
Cidália Idalete Alves

109 COMUNICAÇÃO DE GERAÇÃO EM GERAÇÃO
Mariana Baliana

117 TURBINE OS RESULTADOS COM *FEEDBACK* E *FEEDFORWARD*
Noemi Martyniuk

127 TENHA SEGURANÇA NAS TOMADAS DE DECISÕES COM UMA
COMUNICAÇÃO TRANSPARENTE
Rodrigo Carvalho

135 COMUNICAÇÃO ESCRITA ASSERTIVA COM FOCO
NAS RELAÇÕES PROFISSIONAIS
Patrícia de Oliveira Jacudi

143 COMUNICAÇÃO NAS NEGOCIAÇÕES
Marcos Bastos

151 O SEGREDO DA ASSERTIVIDADE EM VENDAS
Bruna Garcia

161 COMUNICAÇÃO ESTRATÉGICA ATRAVÉS DO MECANISMO
DE AUTORREGULAÇÃO
Franklin Rodrigues

169 ABORDAGEM COLABORATIVA — TRANSFORMANDO OS MODELOS DE
COMUNICAÇÃO ATRAVÉS DA TECNOLOGIA DA INFORMAÇÃO
Carlos Nantes

177 COMUNICAÇÃO ASSERTIVA NO PROCESSO DE *COACHING*
Alexandre Narciso

185 COMUNICAÇÃO ASSERTIVA E SAÚDE DO SERVIDOR
NA JUSTIÇA LABORAL
Acácio Santos

193 COMUNICAÇÃO ASSERTIVA: CONTRIBUIÇÕES AO TRABALHO
POLICIAL MILITAR
Alexandra Valeria Vicente da Silva

1

COMUNICAÇÃO E E PERSUASÃO: TÉCNICAS PARA RESULTADOS EFICAZES NAS INTERAÇÕES PROFISSIONAIS

O leitor terá a oportunidade de conhecer diretrizes para aprimorar a comunicação e a persuasão em diversas ocasiões. Que ao final da leitura, possa aplicar as orientações aqui apresentadas e constatar seu aprendizado. Convido você para caminhar pelas trilhas da comunicação humana!

CLÁUDIA DE OLIVEIRA MOURÃO

Cláudia de Oliveira Mourão

Educadora, Fonoaudióloga Especialista em Voz e em Comunicação Humana, Diretora da Comunicação e Expressão Consultoria. *Coach* Profissional-SBC-2015; Formação no Método Herrmann de Dominância Cerebral, HBDI®-2005. Consultora SEBRAE/RJ em Gestão de Pessoas, Liderança e Empreendedorismo. MBA em Gestão Empresarial (IBMEC/2010). Mestre em Sistemas de Gestão (UFF /2016). Pós-graduada em Design Instrucional (SENAC/SP-2019). Professora da Pós-graduação nas disciplinas de *Coaching* e Comunicação Empresarial – presencial e EAD. Há mais de 30 anos atua na área de treinamento e desenvolvimento de pessoas. Nos últimos 15 anos vem atuando em empresas como consultora e instrutora disseminando os programas: Liderança, Comunicação Assertiva, CNV, Apresentações Eficazes, Persuasão, Negociação e Oratória, Formação de Instrutores e Multiplicadores, Desenvolvimento de Equipes, Atendimento a Clientes, Liderança Transformadora.

Contatos
www.comexpressao.com.br
claudia@comexpressao.com.br
21 99979-4957

A comunicação humana é inerente ao homem desde seu nascimento. Seja através de sons como o choro, seja por meio de palavras e recursos linguísticos falados ou escritos, ou, ainda, por meio de gestos e expressões não verbais, cada indivíduo apresenta uma forma única de comunicar-se. Neste capítulo, o foco de desenvolvimento está na comunicação verbal e não verbal, como veículos de conexão e sentido para o alcance dos resultados pretendidos nas interações presenciais.

No mundo das *startups*, por exemplo, fazer um *pitch* (apresentação rápida de uma ideia ou negócio) de até três minutos e convencer um investidor a *comprar* sua ideia resulta em ampliar possibilidade para alcançar o sucesso! Mas, como demonstrar segurança e gerar credibilidade? Como envolver e persuadir, genuinamente, convencendo alguém a aceitar suas ideias? Convido à reflexão sobre os aspectos que normalmente não direcionamos nossa atenção: a fisiologia da comunicação humana associada aos elementos voz, fala, linguagem e expressividade.

Voz – como sua voz é percebida pelo interlocutor? Sua sonoridade é agradável? Transmite firmeza e segurança, convidando o ouvinte a permanecer no diálogo? A voz humana tem um impacto significativo para quem ouve. É um atributo paraverbal por ser pano de fundo da linguagem, através da entonação e do ritmo sonoro, que conduzem o conteúdo da mensagem a ser transmitida.

Objetivamente, a voz é produzida pelo ar que vem dos pulmões, passa pelas pregas vocais e é emitida para o meio externo, transformando-se em fala. O insumo da VOZ é o ar. Portanto, trabalhar a ampliação da capacidade respiratória é o primeiro passo para gerar uma voz mais poderosa e sustentada.

Exercício para ajudar a ampliar a capacidade respiratória: Inspire (entrada do ar no organismo) percebendo a movimentação do músculo diafragma (altura da cintura). Quando o ar entra, o diafragma faz um movimento de descida, as costelas expandem e os pulmões ganham mais ar. Procure perceber a entrada de ar e expire (solte o ar) sonorizando o fonema /S/ até terminar a saída do ar. Inspire novamente. Expire agora, sonorizando o fonema /Z/. Repita este exercício três ou quatro vezes ao dia, sempre de forma consciente e relaxada. Sua capacidade de ar para uma voz mais sonora irá, pouco a pouco, aumentando.

Fala – a fala é o resultado da intenção do pensamento originado no cérebro, seguido da produção da voz e da articulação dos fonemas que formam as palavras, resultando nas expressões e no sentido que se deseja oferecer ao ouvinte. Por isso, a dicção e a fluência verbal são fatores a serem treinados, praticados em repetição para gerar o hábito de uma boa qualidade, tanto da clareza articulatória como da sonoridade da fala.

Atenção quanto à velocidade da fala! Falar muito rápido e "atropelar" as palavras pode tornar a fala incompreensível. Outra orientação importante é dar entonação e marcar ênfases diferenciadas durante a fala para atrair a atenção do ouvinte e evitar que a fala torne-se desinteressante. A seguir, um exercício sugerido para este aprimoramento. Repita a frase da poetisa Cora Coralina, articulando bem (abrindo a boca, movimentando os lábios e a língua) e dando ênfase às palavras em negrito.

Feliz aquele que transfere o que sabe e aprende o que ensina.
Feliz aquele que transfere o que sabe e aprende o que ensina.
Feliz aquele que transfere o que sabe e aprende o que ensina.

Lembre-se de articular bem a frase e marcar as ênfases em negrito, sem esquecer-se de dar uma melodia (ritmo) à fala para que seu discurso não fique monótono. A recomendação é que você faça o exercício falando para alguém, que possa dizer se percebeu clareza comunicativa e o destaque das palavras valorizadas.

Trava-língua (jogo de palavras difíceis) também é um bom exercício para a clareza comunicativa. Vamos treinar: "Num ninho de mafagafos, sete mafagafinhos há! Quem os desmafagafizar, bom desmafagafizador será"! "Três pratos de trigo para três tigres tristes!" (repetir três vezes).

Linguagem – a linguagem está relacionada ao vocabulário, palavras e expressões que se adéquem ao público para o qual você está se dirigindo. Cuidado para não usar linguagem rebuscada demais para públicos mais informais e vice-versa.

Escolha o repertório de palavras e expressões. Planeje-se e treine através da leitura de textos ou do ensaio de sua fala, aproveitando para fazer pausas respiratórias e articular bem os fonemas, modulando sua fala!

Expressividade – quando se comunicando em público, os gestos apresentam impacto relevante no apoio às palavras, conferindo sentido ao que está sendo dito. Tenha atenção para evitar gestos vazios, ou seja, que não tenham representatividade congruente com a palavra falada. Evite, também, os gestos repetitivos que não agregam contribuição ao conteúdo exposto na fala.

Outro ponto percebido e que influencia a aceitação e receptividade do seu interlocutor é a postura e seus movimentos corporais. Lembre-se de que o corpo fala! Equilibrar os elementos voz-fala-gestos é um desafio que deve ser gerenciado pelo indivíduo falante.

A mímica facial é outro elemento que revela reações, de forma espontânea, expondo o que o indivíduo pensa e sente. Conhecer a si mesmo é fundamental para gerenciar possíveis reações faciais e evitar impactos desagradáveis na comunicação. O que se deseja é manter a expressão alinhada com o discurso e despertar o interesse e a confiança naquele que está interagindo e criando uma imagem sobre você.

Agora que você já entrou em contato com a fisiologia da comunicação e está mais consciente do impacto dos elementos comunicativos, seguem algumas reflexões sobre como persuadir e conseguir impactar convincentemente seu interlocutor.

Persuasão é a arte de convencer alguém sobre suas ideias e intenções. Segundo Mortensen (2010), *se quisermos dominar a persuasão precisamos garantir que a CONFIANÇA seja estabelecida e permaneça intacta a longo prazo.* Os 5 C's da Confiança são dominados pelos oradores persuasivos. São eles: *caráter, competência, confiança, credibilidade e congruência.*

Caráter é aquilo que distingue você. Ética, respeito, honestidade, integridade, sinceridade, discurso e prática alinhados. Esteja certo de que esses fatores que parecem subjetivos são lidos e decodificados por um interlocutor perceptível.

Competência revela o seu conhecimento aprofundado sobre algum assunto, sendo demonstrado de forma natural e sem esforço. Uma característica importante para causar confiança e revelar a competência é autoconfiança. Acreditar em você é um ingrediente necessário para persuadir e envolver o outro.

Partindo da premissa do profeta Gentileza, de que gentileza gera gentileza, o mesmo princípio é aplicado na **confiança**: "confiança gera confiança". Cuidado para não exagerar na autoconfiança, pois a linha é bastante tênue entre autoconfiança exagerada e arrogância. Em um minuto a confiança pode ser quebrada e, um tempo infinitamente maior poderá ser levado para conquistar, novamente, a atenção e o respeito do outro.

Gerar **credibilidade** passa por ter coragem de expor suas vulnerabilidades e reconhecer falhas, sinceramente. Manter seus valores, na prática, também é um excelente caminho para que o público apoie-se ao construir a imagem que faz de você e decidir se você é crível.

E o quinto "c", **congruência,** é estar em harmonia entre o que diz e o que faz. Se o assunto é emocionante, importante que sua expressão deixe transparecer a coerência do sentimento com a fala. Ser verdadeiro ajuda a gerar congruência. Se a fala traz conteúdo sério, mantenha a seriedade congruente. Ao alinhar os elementos da comunicação e os 5 "C's" da confiança, sua habilidade de persuasão é fortalecida e melhores resultados comunicativos serão alcançados.

Vamos testar o aprendizado dessa jornada? Marque **V** para as assertivas verdadeiras ou **F** para as que considerar falsas.

( )	1. A habilidade de comunicação é um presente divino apenas para quem nasce com esse dom, pois é uma competência que não se aprende.
( )	2. A voz é produzida pelo ar que vem dos pulmões, passa pelas pregas vocais e é emitida para o meio externo, transformando-se em fala.
( )	3. Na comunicação interpessoal presencial, é preferível não usar gestos enquanto fala para não distrair o ouvinte.
( )	4. Dos 5 C's da Confiança, a **competência** revela o conhecimento aprofundado do indivíduo sobre algum assunto, sendo demonstrado de forma natural e sem esforço.
( )	5. Ao realizar apresentações em público, não se preocupe com a linguagem, pois a plateia deverá adaptar-se ao estilo do orador.
( )	6. Dar entonação e marcar ênfases diferenciadas durante a fala é importante para atrair a atenção do ouvinte e não tornar a fala monótona.
( )	7. Já que confiança gera confiança, mostrar superioridade e "comandar" a comunicação mostra que você é muito influente, mesmo que possa soar arrogante.
( )	8. Congruência é a harmonia entre o que se diz e o que se faz.
( )	9. Persuasão é a arte de convencer alguém sobre suas ideias e intenções.
( )	10. Nas relações profissionais é fundamental alinhar os elementos voz-fala-gestos nas interações presenciais para beneficiar o entendimento e gerar comunicação eficaz.

Gabarito: 1-F - A habilidade de comunicação é uma competência que se desenvolve através de exercícios e treinamento. 2- V – 3-F- Na comunicação interpessoal presencial, usar gestos enquanto fala ajuda a reforçar as palavras e auxilia no entendimento do interlocutor. Afinal, o corpo fala! 4-V. 5-F Ao realizar apresentações em público, é importante adequar a linguagem ao público para criar sintonia e realizar comunicação eficaz. 6-V. 7-F Já que confiança gera confiança, cuidado para não demonstrar autoconfiança em excesso, pois arrogância pode afastar o público e não gerar a confiança desejada. 8-V. 9-V. 10-V.

Dicas para a ação

1. Treine as técnicas de respiração, dicção e modulação da fala nas relações pessoais e profissionais do dia a dia: nas conversas informais, presencialmente ou ao telefone. Ponha atenção às pausas respiratórias, à articulação dos fonemas e ao ritmo sonoro.

2. Para melhorar a *performance* em público, é preciso expor-se em público, na prática! Busque oportunidades para apresentar-se em seu ambiente de trabalho e, ao final, peça *feedback* de seus colegas e de seu superior sobre sua *performance*.

3. Exercite os 5 C's da persuasão. Reforce o seu **c**aráter através da transparência e da sinceridade em suas interações. Demonstre sua **c**ompetência de forma genuína, gerando **c**onfiança e **c**redibilidade pela **c**ongruência de seu discurso e suas atitudes.

4. Confie em você e busque, constantemente, seu aprimoramento comunicativo.

Conforme comentado no início deste capítulo, a comunicação é uma habilidade inerente ao ser humano. No ambiente profissional, torna-se um indicador relevante para líderes e equipes, como também nas negociações, na gestão de conflitos, nas apresentações em público e nas mais diversas situações de interação.

A responsabilidade de comunicar com eficiência e eficácia passa a ser um grande desafio para gerar resultados cada vez mais satisfatórios. Pratique os exercícios e tornará estas características ainda mais espontâneas e frequentes. Sucesso!

Referências

CARRASCO, M. C. O.; COLUCCI, E. *Comunicação e Oratória:* teoria e prática. São Paulo: Letras Jurídicas, 2005.

FARIA, D. M. *Muito além de um ninho de mafagafos.* São Paulo: Comunicar, 2013.

MORTENSEN, Kurten. *QI de Persuasão.* Dez habilidades que você precisa ter para conseguir exatamente aquilo que você quer. São Paulo: DVS, 2010.

POLITO, R. *29 Minutos para falar bem em público e conversar com desenvoltura.* Rio de Janeiro: Sextante, 2015.

RIBBENS, G.; THOMPSON, R. *Aprenda as chaves da linguagem corporal.* Tradução Liliana da S.Lopes. São Paulo: Planeta do Brasil, 2005.

2

O *MINDSET* DO COMUNICADOR ASSERTIVO

O que você irá aprender terá um efeito extraordinário não apenas na comunicação, mas na valorização do seu tempo e energia. Neste capítulo, você descobrirá como se tornar mais assertivo e quanto que as tomadas de decisões diárias são refletidas em seu comportamento e estilo de comunicação.

WILLYA MARCOLINO

Willya Marcolino

Engenheiro de Produção formado pela Faculdade Pitágoras. Especialista em Lean Production pela Universidade Federal de Santa Catarina – UFSC. MBA Executivo em Logística e Mercados pela Faculdade Integrada de Diamantino – FID. MBA em Gestão Empresarial e *Coaching* pela Fundação Escola de Sociologia e Política de São Paulo – FESPSP. Tem atuado em empresas multinacionais e nacionais nas áreas de melhoria contínua, gestão de pessoas, capacidade produtiva, gestão da qualidade e planejamento estratégico.

Contatos
willyasmlean@gmail.com
LinkedIn: www.linkedin.com/in/willyamarcolino

A comunicação assertiva está intrinsecamente ligada ao sucesso em todas as áreas da nossa vida. Mesmo sabendo disso, conhecemos exemplos de como uma pequena falha na comunicação ou às vezes até mesmo uma palavra pode gerar conflitos e desgastes nos relacionamentos pessoais e profissionais. Perdemos oportunidades incríveis por não compreender e aplicar o poder da comunicação assertiva a nosso favor.

Ser assertivo, uma questão comportamental

Precisa mais do que eficiência para ser eficaz e mais do que trabalho duro para ter resultado. Estar envolvido com atividades que não agregam valor é sinônimo de falta de foco. Neste sentido, *você compreenderá que muitas decisões diárias refletem diretamente na maneira como você comporta-se, relaciona-se e comunica-se.*

O que você irá aprender terá um efeito extraordinário não apenas na comunicação, mas na valorização do seu tempo e energia, tornando-se mais seletivo quanto às escolhas diárias, como conversas, pessoas, notícias, redes sociais, trabalho. E assim entender de forma gradativa como eliminar as distrações que consomem tanto o nosso precioso tempo.

A globalização tem aumentado a produtividade de forma incrível, proporcionando-nos uma vida cada vez mais confortável na qual uma gama de informações e produtos podem ser alcançadas em um click, gerando uma sociedade mais dinâmica e competitiva. Esta agilidade, em contrapartida, tem transformado-nos em seres imediatistas; queremos tudo para ontem.

Há uma quantidade imensa de cursos e produtos que prometem transformar nossa vida radicalmente; *por exemplo, como emagrecer dez quilos em duas semanas; como aprender um novo idioma em trinta dias; como alcançar a liberdade financeira em seis meses.*

A velocidade das mudanças e necessidade de manter-se atualizado está deixando as pessoas ansiosas e sem foco. Em outras palavras, perde-se um

Willya Marcolino | 19

precioso tempo em *vários canais de comunicação que não têm relação com nossas metas diárias* e, no fim, dizemos que estamos ocupados demais.

Assertividade: uma questão de escolha

O óbvio não é consciente! Questão que enfatiza a necessidade de precisarmos fazer reflexões constantes sobre eventos que ocorrem no dia a dia. Este hábito aumenta e fortalece o autoconhecimento. É possível entender melhor a identidade individual, objetivos e como alcançá-los.

O baixo conhecimento sobre nossa essência pode, muitas vezes, gerar o ato de comparar o seu fracasso com o sucesso alheio, fazendo a pessoa acreditar que a grama do vizinho é mais verde. Somos seres singulares; nunca existiu ou existirá alguém igual a você. Esforçar-se para parecer com outros passa a imagem de superficialidade e falta de confiança em si mesmo.

Se não tivermos atentos sobre as nossas verdadeiras necessidades, o imediatismo pode resultar em problemas muito graves. Afinal, podemos entrar em uma espiral profunda de ansiedade e frustração por não conseguir o que queremos na hora em que queremos. Precisamos acalmar nossos pensamentos e aprendermos a retomar o foco naquilo que realmente importa; que nos desperta a criar situações transformadoras.

Aprenda a organizar as tarefas diárias – um plano de formato simples é fundamental para alcançar grandes objetivos. Divida o processo em pequenas partes: *de forma específica, mensurável, realista, que seja relevante para você e coloque um prazo para concluí-lo.*

> *Tornar as metas simples de serem executadas reduz a chance de procrastinar e fortalece o ânimo para continuar.*

O entendimento do impacto dos pequenos passos diários é uma vitória, porque esforço consistente na direção correta é o que você precisa para realizar qualquer objetivo.

> *Uma vida extraordinária refere-se a melhorias diárias*
> *e contínuas nas áreas mais importantes.*
> Robin Sharma

Comunicação – mais do que falar

Convido você a refletir sobre o processo de comunicação. Segundo Vanoye, para comunicar-se, são necessários seis elementos básicos: *o emissor, o receptor, a mensagem, o canal, o contexto e o código.*

1. O **emissor** é o responsável pela elaboração da mensagem; é quem solicita, expressa algum anseio, opinião ou desejo.

2. O que está sendo transmitido entre emissor e receptor é a **mensagem**.
3. O **canal** é responsável por veicular a mensagem. São exemplos de canal o rádio, TV, internet, celular.
4. O **contexto** é o assunto a que a mensagem refere-se. É a situação em que estão envolvidos emissor e receptor.
5. O **código** é a forma de transmissão da mensagem, ou seja, conjunto de signos que serão utilizados com elementos que são comuns tanto para o emissor quanto para o receptor.
6. **Receptor** recebe a mensagem do emissor, processa os dados e reage conforme suas experiências e entendimento.

Como um processo de comunicação torna-se assertivo?

A comunicação não se trata simplesmente do ato de falar. Uma boa oratória é só parte de uma comunicação assertiva. Ela pode ser compreendia com mais eficiência quando a analisamos por partes e compreendemos seus impactos nas relações pessoais ou profissionais, traduzidas através de comportamentos e emoções refletidas pela *comunicação verbal* e/ou *não verbal*.

A *comunicação verbal* pode ser definida como sendo toda linguagem falada ou escrita, exemplo: conversas, outdoor, rádio e e-mail.

Já a *comunicação não verbal* é compreendida por tudo aquilo que não faz uso de palavras: o tom de voz, volume da voz, linguagem corporal (postura corporal e as expressões faciais).

Falar o que é certo, no momento certo, no lugar certo, para a pessoa certa.

Mindset do comunicador assertivo

Para desenvolver o *mindset* de um comunicador assertivo, é importante compreender as características que determinam os seus **pensamentos, comportamentos e atitudes.** O *mindset* do comunicador assertivo tem como base um ser *observador* nas interações emissor-receptor como um todo no contexto.

Todos sonham em ser um orador, ser claro e objetivo na fala; porém, são poucas pessoas que executam a incrível **habilidade de ouvir com atenção.** O comunicador assertivo tem sucesso na vida pessoal e profissional porque se interessa de forma genuína em entender as necessidades dos outros.

Dica: *mostre às pessoas que se importa com a história delas e que podem confiar em você.*

Uma forma de demonstrar que realmente estamos valorizando o diálogo e a outra pessoa é fazendo perguntas interessadas no aprofundamento e compreensão da informação. Mantenha o contato visual caso esteja no mesmo ambiente. Faça sinais de compreensão como gesticular com a cabeça de forma positiva. Você deve ouvir na essência para compreender a linguagem verbal e não verbal do emissor. É notável desde o início o aumento da confiança e vínculo que esta prática estimula na comunicação.

Contudo, isto não é nada fácil porque muitas vezes estamos em um diálogo, mas com a cabeça em outra situação; pensamentos acelerados que nos distraem e distanciam-nos da realidade. Então, sempre que percebermos que novos pensamentos começam a fugir do contexto, precisamos deixar de lados estes e retornar nossa atenção para o momento presente para o que a pessoa está nos dizendo.

> A **escuta ativa** *não é uma posição de agente passivo; pelo contrário, precisa estar focado no ambiente (contexto), na mensagem verbal e não verbal, demonstrar-se interessado, decodificar a mensagem e dar um feedback claro e objetivo.*

> *Vida é 10% o que acontece a você e 90% como você reage a isso.*
> Charles Swindoll

Agir *versus* reagir

Há um imenso poder sobre o processo decisório em reagir a cada situação na vida. A compreensão de que não há necessidade de reagir a tudo torna-nos mais seletivos e produtivos, porque valoriza verdadeiramente as interações humanas. Agir coloca-nos como protagonistas de uma determinada situação e passamos a compreender que, para oferecer o melhor que temos ao próximo, devemos, antes de tudo, priorizar o nosso autocuidado:

> *Em caso de despressurização da cabine, máscaras de oxigênio cairão automaticamente. Puxe uma das máscaras, coloque-a sobre o nariz e a boca ajustando o elástico em volta da cabeça e respire normalmente, depois auxilie a criança ao seu lado.*

Trata-se de reconhecer e preencher consciente e gradativamente as necessidades do seu "eu" em mente, corpo e espírito, tornando-se mais completo e energizado e, assim, você passa a agir de maneira assertiva e mais ativa.

O **mindset do comunicador assertivo,** de forma simplificada, demonstra a *escuta ativa* como o caminho mais eficiente para compreender as demais competências com foco no desenvolvimento pessoal:

A **escuta ativa** que tem como propósito ouvir na essência. Parece simples e obvio demais; porém, quantas vezes já presenciamos diálogos parecidos com um monólogo? (somente uma pessoa fala e interrompe os outros por várias vezes).

A escuta ativa é uma técnica que desenvolve a capacidade de ouvir atentamente, absorvendo e compreendendo todas as informações dadas por outras pessoas, seja por fala seja por gestos. É elemento essencial da comunicação assertiva e tem como objetivo criar uma sintonia entre emissor e receptor.

Como desenvolver a escuta ativa

Elimine as distrações – atualmente os smartphones tem tornado-se uma distração enorme com tantos aplicativos e redes sociais enviando-nos notificação e alertas. Cuidado!! Use com moderação!

Controle os pensamentos – nossa mente é muito acelerada e, enquanto estamos conversando com alguém, vários pensamentos começam a surgir e isso atrapalha a nossa capacidade de ouvir os outros. Treinar a nossa mente para controlarmos os nossos pensamentos não é tarefa fácil, pois exige a capacidade de concentração em manter a mente focada em um ponto; processo que gera aumento de produtividade.

Exercite a respiração – uma das melhores atividades para aumentar a concentração e direcionar o foco é o exercício de respiração. O ato de inspirar e expirar o ar dos pulmões ajuda a acalmar nosso sistema nervoso e ajuda a trazer nossa mente para o aqui e agora. Essa prática diária é muito funcional, pois aumenta a sensação de bem-estar.

Desenvolva a sua inteligência emocional – aprenda a identificar e a gerenciar as próprias emoções e as emoções dos outros. Através do desenvolvimento da inteligência emocional, as pessoas tornam-se mais prudentes e equilibradas para tomada de decisões mais assertivas. Entender o significado de cada emoção e como elas podem impactar-nos de forma positiva e negativa em determinadas situações torna-nos capazes de conhecer e respeitar o nosso momento e do próximo tendo empatia.

Aprenda a dizer "não" – pode ser um grande desafio para quem deseja agradar a todos. Uma das atividades mais importantes para a conclusão de um plano estratégico é saber definir prioridades, porque reconhecer as próprias demandas e recursos faz com que não nos comprometamos com certas atividades.

Quando precisar dizer não, *seja educado e direto.* Dizer não faz parte do amadurecimento de todo o ser humano e demonstra elevado nível de inteligência emocional. "Não se pode conceder tudo a todos. Saber dizer não é tão importante como saber conceder" – Baltasar Gracián.

Não faça prejulgamento – julgamentos partem do seu ponto de vista, da sua maneira de enxergar a vida, de suas experiências, valores e crenças. Toda escuta é uma nova experiência; não a reduza por deduções ou suposições, isso o distancia dos fatos. Adote uma postura compreensiva e disposição para juntos encontrar soluções.

No tempo certo – a escolha do momento certo para manifestar-se define seu nível de atenção e respeito a si mesmo e ao outro. Acredito que bem possivelmente em sua jornada, enquanto estava conversando e acreditando que era algo superinteressante a outra pessoa (receptor), este simplesmente iniciou uma história incrível que aconteceu naquele dia do nada sem esperar você concluir sua mensagem. Neste caso, o sentimento que se passa é o de desprezo, insignificância, falta de respeito que compromete relacionamentos pessoais e profissionais.

Atenção à linguagem corporal (Emissor e receptor) – cada parte do corpo evidencia nossa expressão corporal. O corpo inconscientemente envia sinais de como está se sentido no momento. Através desta observação, podemos entender melhor o estado emocional e o perfil de cada um. Para a comunicação assertiva, compreender a linguagem corporal através da observação e atenção enriquece o relacionamento por meio de feedbacks melhores, ou seja, melhora nossa capacidade de resposta e interação.

O *mindset* do comunicador assertivo desenvolve forte habilidade de ouvir e reagir de forma positiva aos diferentes estilos de pessoas. Agora que você começou a ter contato com as primeiras reflexões em relação à forma como pensa, age e desenvolve um comunicador assertivo, você está pronto para aperfeiçoar o seu estilo de comunicação e obter o sucesso que tanto almeja nas relações de trabalho ou pessoais.

Referências

CARNEGIE, Dale. *Como fazer amigos e influenciar pessoas.* 45. ed. São Paulo: Companhia Editora Nacional, 1995.

SOUSA, Jorge Pedro. *Elementos de teoria e pesquisa da comunicação e da mídia.* 2. ed. Porto: Letras Contemporanea, 2006.

WOLF, Mauro. *Teorias da comunicação.* 4. ed. Lisboa: Presença, 1995.

3

A INTELIGÊNCIA EMOCIONAL E SUA RELAÇÃO COM A COMUNICAÇÃO ASSERTIVA

Emoção e comunicação são processos que caminham juntos. Quem possui desenvolvida a inteligência emocional, é capaz de comunicar-se assertivamente com diversos perfis de pessoas, tanto no âmbito pessoal quanto profissional.

ANDREA BECKER

Andrea Becker

Psicóloga Clínica há 24 anos com foco no desenvolvimento humano e orientação profissional. Pós-graduada em Psicopedagogia Clínica e Institucional e *Master Coach* certificada pela SLAC (Sociedade Latino Americana de Coaching). Atuo também na área de educação profissional nos cursos de desenvolvimento social e gestão de pessoas há mais de 10 anos. Coordenadora editorial desta obra. Especialista em ajudar as pessoas a construírem suas trajetórias pessoais e profissionais com base no autoconhecimento, planejamento e estratégia para que, de forma simples e personalizada, descubram a sua melhor versão e alcançar seu propósito de vida.

Contatos
abecker73@gmail.com
Instagram: @dea_becker
Telegram: t.me/AndreaBecker

Vivemos num mundo regido por velocidade, incertezas, passando por uma série de mudanças. Deparamos com novas tecnologias, globalização, novos mercados e, diante deste cenário, surgem novas posturas, comportamentos e oportunidades.

O ser humano tem a capacidade de desenvolver diversas habilidades e, pensando neste contexto, duas delas na minha percepção são importantes: inteligência emocional e comunicação. Quando falamos de Inteligência Emocional, precisamos entender o funcionamento das emoções.

As emoções são reações fisiológicas herdadas ao longo do desenvolvimento da espécie e, entre outras atividades, preparam o organismo para alguma reação frente a determinadas situações do ambiente.

O Sistema Límbico é o nome dado aos centros cerebrais que coordenam o comportamento emocional e os impulsos motivacionais, e é formado por diversas estruturas localizadas na base do cérebro. Esse sistema é responsável pelas emoções e sentimentos quando recebe um estímulo sensitivo (audição, paladar, visão ou olfato), envia essas "informações" para o tálamo e hipotálamo que elabora *feedbacks* aos estímulos através do Sistema Endócrino e do Sistema Nervoso Autônomo. Automaticamente produzem respostas, ativando esses sistemas, e então temos um estado, que são as emoções e os sentimentos manifestados.

Frente à ameaça, por exemplo, sentimos medo e somos forçados a fugir ou proteger-nos. Quando comemos algum alimento que não nos fez bem, ao vermos o mesmo alimento posteriormente, podemos sentir repulsão, e assim acontece com todas as emoções. Cada emoção tem as suas funções e podem ser classificadas em:

- **Emoções primárias:** são consideradas inatas e universais comuns a todos os indivíduos da nossa espécie, independentemente de fatores socioculturais. São elas: alegria, tristeza, medo, nojo, raiva e surpresa.
- **Emoções secundárias ou sociais:** são mais difíceis, pois dependem de fatores socioculturais. Variam amplamente com a cultura, com a experiência prévia e com a época em que o indivíduo está inserido. São

elas: culpa, vergonha, simpatia, compaixão, embaraço, orgulho, inveja, gratidão, admiração, espanto, indignação, desprezo.

• **Emoções de fundo:** estão relacionadas com o conforto, desconforto, com a serenidade ou inquietação. Os estímulos geradores destas emoções frequentemente são os internos, produzidos por processos físicos; ou mentais contínuos que levam o organismo a um estado de aflição ou de relaxamento, cansaço ou energia, ansiedade ou apreensão.

O sentimento é o significado que o cérebro dá para a experiência fisiológica que a emoção gerou. Então é a percepção consciente dessa experiência.

Uma única emoção pode gerar diversos tipos reação, que podem ser positivas ou negativas. Quando recebe um estímulo, o sistema límbico envia mensagens para o cérebro, produzindo respostas e criando um estado emocional.

Os dois principais tipos de estado emocional são:

• **Estado emocional positivo:** emoções e sentimentos positivos (como alegria, gratidão e amor) trazem respostas que impulsionam e motivam o indivíduo, gerando uma grande quantidade de dopamina, serotonina e endorfina;

• **Estado emocional negativo:** emoções e sentimentos negativos (como medo, raiva, tristeza e culpa) trazem respostas quem paralisam e instigam a fuga ou o ataque, resultando na produção de cortisol e adrenalina.

Ao longo da nossa trajetória, passamos por diversas situações e as emoções ajudam-nos a gerar vínculos e motivar um comportamento. Podem salvar vidas e surgem em resposta à satisfação ou frustração de nossas necessidades, desejos e expectativas. Percebê-las é uma oportunidade de aprender sobre si mesmo, compreender o momento e tomar decisões que superem o estado de vulnerabilidade emocional.

> *Nos últimos anos a Inteligência Emocional (IE) vem sendo reconhecida como importante pilar para o sucesso tanto na vida pessoal e profissional. Administrar as emoções é saber pensar, sentir e agir de forma inteligente e consciente, sem deixar que as emoções controlem sua vida e acumulem-se de forma a reproduzir ou criar traumas.*

Um renomeado psicólogo norte-americano e professor da Universidade de New Hampshire, Jonh D. Mayer, relata que inteligência emocional é:

> *habilidade de percebermos com precisão as emoções, acessá-las e gerenciá-las de modo a auxiliar o pensamento a compreender as emo-*

ções e o conhecimento emocional e a regular as emoções de modo a promover o crescimento emocional e intelectual.

Daniel Goleman, psicólogo, escritor, jornalista e consultor empresarial, considera a inteligência emocional "a capacidade de identificar os nossos próprios sentimentos e os dos outros, de motivarmo-nos e de gerir bem as emoções dentro de nós e nos nossos relacionamentos".

Segundo ele, a inteligência emocional está baseada em cinco grandes dimensões:

- **Consciência emocional:** capacidade de distinguir e dominar emoções e sentimentos experimentados no cotidiano; reconhecimento de sinais fisiológicos que indiquem o surgimento de uma emoção; capacidade de compreender as causas que desencadeiam determinadas emoções; entender o próprio gosto/desgosto; ter autoconfiança, mas sempre buscando o melhoramento e o crescimento.
- **Controle emocional:** controle dos impulsos e emoções; controle da agressividade dirigida a outros; controle da agressividade dirigida a você mesmo; capacidade de controlar os impulsos e reenviar/adiar a satisfação; capacidade de modular o próprio estado de ânimo, evitando que o sofrimento o impeça de pensar.
- **Capacidade de saber motivar-se:** capacidade de canalizar, energizar e harmonizar as emoções, dirigindo-as à realização de um objetivo; inclinação a reagir ativamente (com otimismo e iniciativa) aos fracassos e frustrações, sem cair em depressão.
- **Capacidade empática:** capacidade de reconhecer indícios emocionais alheios e entender os sentimentos; sensibilidade a emoções e pontos de vista alheios, buscando sintonizar-se com uma gama de pessoas.
- **Gerência eficaz das relações interpessoais e habilidade social:** capacidade de negociar conflitos visando à solução da situação; capacidade de conseguir comunicar-se eficientemente com os outros e de afirmar-se.

Ao focar nesses pontos da Inteligência Emocional e trabalhar em conjunto com técnicas de comunicação, abre-se espaço para o diálogo, discussão construtiva e não agressiva dos sentimentos e emoções. Permite colocarmo-nos em contato com nós mesmos, com os outros, construir relacionamentos, criar respostas, construir uma ponte entre nós e os outros.

Todas as pessoas têm a possibilidade de melhorar e desenvolver qualquer uma das dimensões destacadas por Goleman. A Inteligência Emocional pode ser desenvolvida, treinada e aprimorada com a construção de novos hábitos, novas formas de raciocinar e comportar-se.

Andrea Becker | 29

Como age uma pessoa emocionalmente inteligente?
- Sente maior confiança e transmite credibilidade;
- Demonstra empatia pelos outros e, por isso, geralmente é mais cooperativa;
- Mantém seu autocontrole, lidando adequadamente com seus sentimentos e com os das outras pessoas;
- Está sempre aberta e atenta ao aprendizado e ao crescimento contínuo;
- É flexível;
- Assume posições firmes sem ser agressivas;
- É persistente, não desiste de seus objetivos e consegue lidar com as adversidades;
- Sente-se mais alinhada com sua missão de vidas, seus valores e tem clareza de suas metas.

Ter inteligência emocional é saber identificar, entender, utilizar e administrar emoções de forma eficiente e positiva.

Bora lá desenvolver a Inteligência Emocional com práticas diárias? Ao longo da minha vida profissional, aprendi e adoto como instrumento de trabalho estas dicas:

Ter uma caderneta

Separe de cinco a dez minutos no final do dia para organizar o que aconteceu no seu dia a dia. Registre seus pensamentos e sentimentos sem se importar se é somente um parágrafo ou se são muitas páginas sobre o seu estado emocional.

Observe e reflita sobre essas questões e registre no seu diário

Transformar as emoções desconfortáveis em respostas positivas e construtivas é reconhecer e nomear as emoções. O que aconteceu? Identifique a emoção e ações emocionais (comportamentos, palavras, memórias, imagens). Quais pensamentos estão passando pela sua mente agora? Onde está seu foco de atenção? Ao que você está reagindo? Quais sensações você percebe no seu corpo? Quanto tempo sentiu-se assim? Qual é a melhor coisa a fazer agora? Melhor para mim, para os outros e para a situação? O que poderia fazer diferente da próxima vez?

Praticar técnicas de regulação emocional

A respiração é o pilar que sustenta todas as nossas emoções. Dependendo de como respirarmos, sentiremos a emoção com uma intensidade ou outra, e isso pode até condicionar o tipo de emoção que predomina em nós.

Você deve sentar-se em um local confortável e respirar no ritmo 4-2-6. Isso significa inspirar o ar, contando até 4; segurar o ar, contando até 2; e soltar o ar pela boca, contando até 6, bem devagar. Conforme você for repetindo esse ciclo, o seu corpo vai acalmar-se de forma natural.

Praticar *mindfulness* para desenvolver a inteligência emocional

Mindfulness ou Atenção Plena é uma ferramenta que nos ajuda a melhorar nosso autocontrole, bem como nossa capacidade de gerenciamento emocional, sendo de grande utilidade em situações de estresse.

Para desenvolver a inteligência emocional e potencializar a nossa capacidade de comunicação, primeiro devemos desenvolver o autoconhecimento. Comece agora a sua jornada e crie uma nova história para sua vida.

Referências

DAMÁSIO, A. *O mistério da consciência*. São Paulo: Companhia das Letras, 2000.

EKMAN, Paul. *A linguagem das emoções*. São Paulo: Lua de Papel, 2011.

GOLEMAN, D. *Inteligência emocional*. Rio de Janeiro: Objetiva, 2012.

MARTINS, Vera. *Seja Assertivo - como conseguir mais autoconfiança e firmeza na sua vida profissional e pessoal*. Rio de Janeiro: Alta Books, 2017.

4

EMPATIA: UMA FORÇA REVOLUCIONÁRIA

Empatia, uma força e poder que revoluciona a história, que conecta pessoas. É uma habilidade socioemocional; uma luz que dá sentido à nossa existência; uma força que traz equilíbrio, que dá sentido à vida e nos faz conscientes e responsáveis por relacionamentos mais saudáveis. Venha comigo conhecer, experimentar e desfrutar desta revolução da qual eu e você somos parte.

MÔNICA SPLENDORE

Mônica Splendore

Especialista em *coaching* de vida. Certificação em *Professional Coach* pela Sociedade Latino Americana de Coaching. Formação em *Teen Coaching* pela ICI. Certificação em Psicologia Positiva pela IPCC. Experiência de 25 anos no terceiro setor, com palestras e atendimentos de desenvolvimento pessoal com mulheres e jovens.

Contatos
mosplendore@gmail.com
Instagram: @monica splendore

Sem uma cultura de empatia, você não terá uma cultura de colaboração.
Tati Fukamati

Comece por você

Este momento é seu! Acomode-se em um lugar confortável, agradável e tranquilo. Respire, concentre-se, seja gentil com você e boa leitura. Estes conselhos parecem óbvios, mas, quando se fala em empatia, o óbvio precisa ser dito.

Empatia é...

A capacidade de sentir, perceber e compreender sentimentos e emoções dos outros.

É afeto, compaixão, conexão com o outro; é reconhecer sua importância e valor.

Esta conexão envolve o pensar e o agir na sua mais nobre pureza e amor entre os seres humanos; um elo como família, amigos, sociedade.

Uma potência nos relacionamentos que, desenvolvida e direcionada a um bem comum, revoluciona, cria e inova.

Ela é responsável por vínculos verdadeiros e saudáveis, pela comunicação assertiva, por ambientes mais agradáveis que proporcionam bem-estar, liberdade de ser quem você é, onde há confiança; onde a vulnerabilidade pode ser vista e assistida sem julgamentos; onde o humano pode ser humano.

Exerça um olhar interno

1. Nos momentos em que você foi empático na vida pessoal, ou seja, quando, diante de um amigo e ou familiar você parou para ouvir, dar afeto, sentir a dor do outro ou alegrou-se por sua conquista:

- o que você sentiu?
- o que aconteceu?

2. Quem da sua família é a pessoa mais empática com você?

- Você gosta de sentir-se conectado e aceito?
- Suas emoções influenciam suas atitudes?
- De que forma?

3. Você é empático em seu dia a dia? Ao caminhar e passar por alguém na rua, você sorri? Diz bom dia?

4. Você procura saber como estão e o que pensam as pessoas com quem convive?

Estas poucas perguntas podem ajudá-lo a perceber a importância da auto-observação e o quanto a empatia influencia seus relacionamentos pessoais e profissionais.

Nascemos empáticos?

Estamos tão acostumados a olhar para os defeitos e para o negativo que achamos impossível que todo ser humano nasça empático. Mas a neurociência já conseguiu provar que sim: nascemos empáticos.

Fomos feitos para viver em sociedade, temos a necessidade de pertencimento, de sociabilização, de conexão; porém, alguns sentem mais e outros menos.

Segundo Keysers, é o tamanho do canal que leva a informação recebida da parte visual do seu cérebro à parte emocional que diferencia ser mais ou menos empático.

Posso desenvolver a empatia?

A Neurociência nos trouxe excelentes notícias sobre as capacidades de nosso cérebro, e uma delas, que sou apaixonada e faço uso em minha vida pessoal e profissional, é a neuroplasticidade. Nosso cérebro é flexível como um plástico. Ele pode mudar e amoldar-se. Os estímulos criam e fortalecem neurônios, e assim formam novas conexões; criam novos caminhos de pensamentos que geram novos comportamentos. Por isso temos a capacidade de aprender. A plasticidade do cérebro faz isso e, quanto mais exercermos a empatia, mais natural ela será em nós e mais empáticos seremos.

De uma forma bem resumida: pensamento + atitude = mudança.

Assim funciona a plasticidade do cérebro: toda vez que um pensamento e uma atitude estiverem em atividade, eles estarão dando um estímulo ao cérebro e dessa forma, vamos criando as novas rotas neurais, ou os novos caminhos que geram as mudanças.

36 | Comunicação assertiva

A empatia tem dois componentes

Empatia cognitiva – pensa
É a capacidade de compreender ou imaginar o que o outro pensa e sente, de forma racional.

Empatia afetiva – sente
Esta se conecta e compartilha o sentimento do outro.

Precisamos ser capazes de exercer essas duas habilidades ao mesmo tempo para que o principal objetivo da empatia seja atingido: a **conexão**.

O equilíbrio entre os dois componentes traz os resultados que revolucionam os relacionamentos. Esta é uma das características da inteligência emocional.

Impactos da empatia na comunicação

1. Relações mais transparentes, confiáveis, afetuosas e verdadeiras
2. Conexão entre as diversas gerações
3. Apoio e segurança nos lares
4. Gerenciamento de conflitos
5. Colaboração
6. Mais produtividade
7. Inovação e criação
8. Mais humanidade
9. Ambientes mais saudáveis
10. Novo padrão de liderança
11. Pensamento sistêmico apurado
12. Maior assertividade.
13. Mais felicidade
14. Mais perdão

Agora, imaginem: no nosso dia a dia, quantos conflitos passamos em família?

Quantas vezes ouvimos, em tom de crítica, nossos pais dizerem:

- na minha época isso não era assim.
- meus pais olhavam para mim e eu já sabia que não podia fazer tal coisa.

Mônica Splendore | 37

Pois é... quem está certo?

Não é uma questão de certo ou errado, mas sim de conexão. Sim, nos conectarmos, conversarmos e escutarmos de forma empática uns aos outros, e juntos chegarmos a um denominador comum. Muitos pais e filhos competem para mostrar quem está certo, quem tem a última palavra, criando mais divisão em vez de conexão. A escuta, o afeto, o acolhimento trazem confiança e mostram que ali posso me derramar e receber o apoio, conselho e segurança que todo ser humano precisa.

Quando se trata de empatia na família, precisamos deixar alguns pontos bem definidos, como:

- Regras claras, se necessário, expostas num quadro, escritas em um lugar visível. Lembre-se de que o óbvio precisa ser dito.
- Os valores e princípios da família devem estar bem estabelecidos, deixando claro quais valores são negociáveis e quais são inegociáveis.
- Comparações são perigosas: fortaleça os pontos fortes uns dos outros, elogie, fortalecendo a identidade de sua família. Assim como cada ser humano é um, cada família é uma, com suas características próprias.

As comparações são um dos maiores inimigos que temos. Por isso a importância do autoconhecimento. Quanto mais se desenvolve a empatia em família, mais ela se conecta, mais seus membros se conhecem e o resultado é uma identidade firme, forte, que fala mais alto quando estiver diante de comparações.

Nos atendimentos que faço às famílias, ouço as dores dos pais e dos filhos, e vejo quão importante conduzi-los ao autoconhecimento e a desenvolver mais empatia em suas relações.

É fundamental saber quem você é, de onde vem, qual sua história, seus hábitos e costumes, sua cultura, para formação de uma sociedade mais humana, de famílias que exerçam seu papel, seja qual for sua composição, pois, onde existem dois, existe a possibilidade de conexão, diálogo e transformação.

É importante, para isso, saber que existe o outro e este outro traz consigo uma história que merece ser respeitada, ouvida e valorizada, tanto da parte dos pais como dos filhos.

Histórias trazem valores que mudam o comportamento das gerações, e novas gerações trazem sonhos, dentre eles o de mudar o mundo. Quantas vezes você pensa e ouve isso? Mudar o mundo!

O melhor de tudo é saber que podemos mudar o nosso mundo, nosso eu e, consequentemente, o mundo à nossa volta, trazendo mudanças em nossa família, nosso ambiente de trabalho, estudo, sociedade.

Comece por você. Veja e seja a mudança. Permita esta revolução e ela entrará em todas as áreas de sua vida. Crie este espaço. Nossos jovens e crianças precisam ouvir e ser ouvidos; desejam conhecer mais sobre você e sentir seu interesse sobre eles. Faça isso durante uma refeição com a família, uma brincadeira, discutindo um livro ou um filme.

E o que torna esses momentos agradáveis e mais interessantes é a forma que nos colocamos diante do outro. Se tenho a mesma disposição de aprender como a de ensinar, se demonstro curiosidade sobre o que o outro pensa e sente, existe uma troca, uma conexão que jamais será esquecida.

Imagine um diálogo entre pessoas de diferentes gerações! Como podemos mudar algo se nem paramos para nos observar, de onde viemos e quem são aqueles que nos antecederam?

O autoconhecimento e a comunicação são chaves para mudanças. E não falamos de qualquer comunicação; falamos da comunicação empática, que procede de um olhar interno e externo, deste elo como sociedade. A mais pura conexão entre um ser humano e o outro.

Como exercer mais empatia no dia a dia

1. Procure ouvir mais as pessoas. Assim, desenvolverá uma escuta mais atenta.
2. Procure sorrir mais para as pessoas, saber seu nome e cumprimentá-la. Mostre que se importa com elas.
3. Olhe nos olhos e procure estar presente na conversa. Espere o outro concluir o que quer dizer antes de você falar.
4. Não julgue o outro; procure colocar-se no lugar do outro.
5. Abra-se para novas opiniões e busque um novo ponto de vista.
6. Tenha coragem de mostrar suas vulnerabilidades; você quebrará barreiras.
7. Mesmo que precise dizer não, mostre o quanto se importa e sente por não ser possível dizer sim.
8. Nem sempre é preciso falar para ser empático, mas apenas estar presente.
9. Evite críticas e comparações.
10. Sirva. Faça, ao outro, algo bom que ele não espera. Surpreenda-o.

Falar do poder da empatia sem observar pequenos e significativos gestos, sem reconhecer o valor que temos e que o outro tem, é como ficar na superfície.

Imagine conviver em um ambiente onde a empatia é exercida, onde você é ouvido e conhecido, onde você consegue colocar-se no lugar do outro sem se esquecer do seu, onde, mesmo diante das dificuldades, tem alguém ali que você sabe que se importa.

Observe suas respostas. Se elas te mostraram que você é sensível ao outro e que já foi beneficiado pela sensibilidade e compaixão de outrem, você

Mônica Splendore | 39

encontrou o valor da empatia, mesmo que em baixa escala, não importa, pois seu poder é escalável: quanto mais você distribuir empatia, mais ela vai crescer e você colherá doces frutos.

O diálogo entre pessoas de diferentes gerações torna possível garimpar as riquezas de cada época, experiências que, ao serem compartilhadas, nos permitem conhecer melhor o outro, seu tempo, sua história, os aspectos sociais, políticos, econômicos de sua época. Todos aprendemos com isso. Registros que, somados às nossas próprias experiências, percepções e conhecimentos, serão vistos e acrescidos positivamente no comportamento das próximas gerações.

Por isso, a importância do afeto, da escuta atenta, da abertura às discussões construtivas, ao acolhimento e à humildade para ensinar e aprender, pois sem eles nos empobrecemos como seres humanos.

A empatia tem esse poder de unir, conectar, criar, trazer ao outro o sentimento de pertencimento, de que a vida foi feita para ser compartilhada. Ela é tão impactante que, por ser uma habilidade sistêmica, nos permite desenvolver outras diversas habilidades também importantes para nosso bom relacionar.

Comece hoje com você e evolua. Cresça para todos os lados, revolucionando vidas e histórias, sendo um agente de transformação no mundo.

Referências

Bíblia Sagrada de referência Thompson. Tradução João Ferreira de Almeida. Edição Contemporânea. 2. impressão. Editora Vida, 1993.

BROWN, B. *A coragem de ser imperfeito.* Rio de Janeiro: Sextante, 2019.

5

COMUNICAÇÃO ASSERTIVA E EDUCAÇÃO EMOCIONAL COMO FONTES DE PODER PESSOAL

Neste capítulo, abordo a importância da Comunicação Assertiva aliada à Educação Emocional que traz bem-estar, ajuda na educação de filhos e ainda promove a qualidade das relações amorosas e profissionais. A Educação Emocional é uma fonte de poder pessoal que nos ajuda a ser agentes de mudança ainda neste século.

MARISA STABILITO

Marisa Stabilito

Especialista em Educação graduada pelo UNASP (1978). Especialista em Psicopedagogia, graduada pela UNIESP (2009). Psicóloga graduada pela UNINOVE (2013). Coautora do capítulo: "Quem conta um conto, tem um ponto - contos bíblicos na terapêutica psicopedagógica", publicado no livro *Práticas de Psicopedagogia em diferentes contextos* (2018). Professora em cursos de pós-graduação em Psicopedagogia nas disciplinas de Diagnóstico Psicopedagógico e Introdução à Psicanálise. Projetos sociais: Integrante da equipe de psicólogos da "Terapia Comunitária" (modalidade presencial, em 2019), do "Encontros que aquecem o coração" e do "Projeto Estou Passando" (modalidade online, só para Mulheres), na zona leste de São Paulo. Palestrante na área da Saúde e da Educação. Também atua como *Personal Organizer* e Empreendedora Forever e, nas horas livres, poeta e escritora.

Contatos
maristabili@gmail.com
Facebook: Mary Sta Forever
Instagram: @marystaforever

> *Somos feitos de silêncio e som.*
> Lulu Santos e Nelson Motta

Revendo meu acervo, encontrei a composição musical "Certas coisas" de Lulu Santos e Nelson Motta. Os autores usaram uma figura de linguagem chamada antítese, que consiste na exposição de ideias opostas. Musicaram uma letra que provavelmente transmitia o que estavam sentindo e vivenciando. Os fãs do universo artístico, como eu, devem apreciar este tipo de música e letra que expõe o cotidiano e nos faz refletir a respeito.

Uma parte da letra diz:

> *Não existiria som se não houvesse o silêncio. Não haveria luz se não fosse a escuridão. A vida é mesmo assim dia e noite, não e sim. Cada voz que canta o amor não diz tudo o que quer dizer. Tudo o que cala, fala mais alto ao coração.... Nós somos medo e desejo. Somos feitos de silêncio e som. Tem certas coisas que não sei dizer...*

Vou tentar fazer uma relação destas frases com os temas abordados neste texto.

Observo que a vida nos impõe conceitos dicotômicos que não correspondem, na prática, a uma real dicotomia final e irreversível, do tipo isto ou aquilo. Se o ser humano tem a capacidade de ser flexível, ele pode transitar entre os polos, e assim pode observar-se, aprender, sentir, rever, reformular, vivenciar, até encontrar seu ponto de apoio e equilíbrio.

A comunicação também tem polos. Temos de um lado a comunicação agressiva impulsiva e do outro a passiva derrotista. A assertividade é o meio-termo entre estes dois extremos.

Cada tipo de comunicação tem um padrão de pensamento, de sentimento e de comportamento. O importante é descobrir qual atitude faz

Marisa Stabilito | 43

parte da sua comunicação - se assertiva, se agressiva, se passiva - qual a razão de agir assim, qual reação o oponente tem ante a sua atitude e qual sua reação diante do conflito ou na interação com o outro.

É interessante ficar atento a quem se encontra por algum motivo nos polos da Comunicação. Quem pode ser o que usa da comunicação agressiva? Geralmente é aquele com baixa autoestima, egocêntrico, imprudente, hostil, arrogante, impaciente, intolerante, exigente, coercitivo e impiedoso com as palavras ("Somos som").

Quem pode ser o passivo derrotista? Geralmente é aquela pessoa também com baixa autoestima, frágil, medrosa, insegura, complacente, que se cala diante do outro que a desrespeita ("Somos medo").

Porém, pode ser que num determinado momento a pessoa precise da agressividade sadia até para defender-se. E, no momento seguinte, ela encontre seu ponto de equilíbrio e a saída assertiva.

Eis um exemplo real que me lembra deste trânsito entre a agressividade e a assertividade. Um casal está no quarto, cada qual ao lado do seu guarda-roupa. Enquanto ela penteia os cabelos em frente ao espelho, ele abre a gaveta de meias. Ao pegar um par de meias, observa furos na ponta das mesmas e diz:

– Hum, meias furadas... Preciso de outra esposa urgente!

Ela bate o pente sobre a penteadeira - o que assusta o companheiro - respira fundo, pensa rápido e vira-se para ele e diz calmamente:

– Não, amor, você não precisa de outra esposa, você precisa de uma costureira. É só levar as meias até ela que ela resolve esta questão, ok?

Vira-se e continua penteando os cabelos silenciosamente. E o assunto encerra-se aí ("Somos feitos de silêncio e som").

O que você acha das atitudes do casal? Que sentimentos surgiram ali na hora? Como você acha que poderia ter se desenrolado essa conversa para que fosse positiva para ambos?

Sei que é difícil usar da asserção porque não aprendemos isto. Passamos muito tempo na infância e na adolescência, fases em que há muito progresso físico e pouco avanço na inteligência emocional. Quando adentramos à adultez, levamos muitos conteúdos incompletos e obscuros, sem saber aonde queremos chegar, quais são nossas expectativas e objetivos. É bom saber que a assertividade é um antídoto a todas as atitudes negativas que porventura permeiam nossa existência.

E como desenvolver essa comunicação assertiva? Para começar, ela envolve três mensagens básicas, a saber: "Isto é o que eu penso. Isto é o que eu quero. Isto é o que eu sinto." Elas acontecem justamente porque o tipo de comportamento assertivo tende a ser direto ("É o que penso"), ativo ("É o que quero, o que tenho que fazer ou o que preciso fazer") e honesto ("É o que sinto").

44 | Comunicação assertiva

Existem muitas técnicas que servem de base ao comportamento assertivo, e a maioria se apoia nestas três partes da mensagem assertiva. Mas para que elas tenham efeito positivo, é preciso seguir os seguintes passos:

1. Resuma os fatos da situação.
2. Expresse seus pensamentos e sentimentos.
3. Apresente claramente seus desejos e necessidades, incluindo os benefícios para a outra parte.

Trago um caso real de uma situação passada entre Lia e Rui (nomes fictícios) para ilustrar os passos acima.

Lia é coordenadora de um Colégio de Ensino Médio. Entre tantas atividades, tem que se ater ao calendário para cumprir todo o planejamento escolar anual. Cada bimestre é encerrado em determinada data. Antes disso as notas devem ser entregues na secretaria para que sejam repassadas ao sistema para então imprimir os Boletins Escolares.

Na data de entrega das notas, a secretária fez o levantamento e percebeu a falta das notas de uma determinada disciplina. A coordenadora foi até o professor Rui e a abordagem foi a seguinte:

— Olá, bom dia, professor, tudo bem? Lembro-me de que nos reunimos no começo do ano quando entregamos para cada professor o calendário anual. Na época, foi mencionado que não houvesse atraso na entrega das notas, porque isto acarreta atraso em todo o sistema. A secretária está me notificando de que as notas da sua disciplina não foram entregues.

Perceba que a Coordenadora referiu-se apenas aos fatos objetivos (passo 1). Não apresentou suas preocupações ou sentimentos. Não o acusou de ser irresponsável e nem o deixou constrangido. Ela continuou o assunto e, desta vez, expressou sua preocupação (passo 2):

— Atrasos deste tipo não podem ocorrer porque temos a data da reunião de pais e mestres já estabelecida e todo o trabalho de secretaria precisa estar em ordem e em dia com os dados no Sistema e os Boletins impressos a tempo. Estou preocupada e preciso expressar essa minha preocupação.

Vamos ver o passo 3 a seguir quando ela expressa seu desejo, encontra uma solução e deixa o outro confortável.

— Penso que convém rever seu plano de aulas e estabelecer um cronograma de atividades ao longo do bimestre de modo que cumpra todo ele dentro do prazo. Talvez você tenha dado atividades demais e aí não pôde corrigi-las a tempo. Quem sabe diminuindo as atividades você cumpra o prazo estipulado?

É possível observar que num ambiente de trabalho, não é só o funcionário que precisa ser assertivo; os superiores também. A assertividade não está

Marisa Stabilito | 45

ligada ao poder; está ligada ao respeito próprio. Está em defender aquilo em que se acredita. Ter esta habilidade no meio empresarial é muito importante.

Vamos agora imaginar que o professor retrucasse e dissesse:

– Não preciso rever meu cronograma e nem dei atividades demais.

A Coordenadora responde:

– Ok, embora você não tenha que rever seu cronograma, o fato é que as notas da sua disciplina não estão no Sistema ainda. No próximo bimestre, gostaria que você revisse seu cronograma e não se atrasasse para entregar as notas.

– Fale para a secretária esperar que eu vou entregar as notas.

– Ok, estamos todos esperando. A melhor maneira de cumprirmos o calendário é todos entregarem as notas na data marcada.

– Ok, vou ficar atento às datas.

O que a Supervisora fez foi repetir calmamente a mesma declaração (passo 1) até que a outra parte entendesse. Assim, não haverá estresse na equipe.

Realmente comunicar-se é uma arte e deve ser aprendida, praticada e fazer-se notória nas relações.

Fui buscar na História a origem da comunicação. Dentre as diversas literaturas atuais que tenho lido, encontrei, na Bíblia, no livro de Gênesis, a origem do homem e de outros seres viventes, bem como de tudo o que há na Terra e no Céu. Neste primeiro livro, Deus disse: "Façamos o homem conforme a nossa imagem e semelhança" (referindo-se aos outros membros da Trindade)... e do pó da terra formou-o. E viu que tudo era muito bom.

Ao criar-nos, Deus presenteou-nos com corpo, mente, espírito, emoções e sentimentos. Deu voz àquele boneco de barro inicial e instituiu a fala, a linguagem, a palavra, a linguagem corporal e, futuramente, deu-nos a habilidade da comunicação escrita e pictórica. E é com estes presentes que aprendemos a comunicar-nos.

Comportamento assertivo é aquele que constrói relações saudáveis e maduras, que traz autoconfiança e firmeza na comunicação, que valoriza o ser humano e que contribui para a sua qualidade de vida. No entanto, quero acrescentar a esse conceito de Assertividade um componente fundamental que viabiliza qualquer diálogo, contato humano, associação, proporcionando grandes recompensas para todos os envolvidos: a Educação Emocional.

O psicólogo Steiner, em seu livro a "Educação Emocional", diz que esta é a chave do poder pessoal porque as emoções são poderosas e elas devem funcionar a nosso favor e serão nossa força. Estou me lembrando da letra: "Tem certas coisas que não sei dizer" e creio que pela educação emocional consiga dizer.

Há muitas pessoas que acreditam que se educar emocionalmente pode redundar em perda de poder na vida pessoal e profissional. Realmente,

46 | Comunicação assertiva

quando se fala em emoções, provoca-se mal-estar porque tem-se a ideia de vulnerabilidade, de afrouxamento de nossas amarras emocionais.

O psicólogo Daniel Goleman diz que todos nós mesclamos Quociente de Inteligência (QI) e Quociente Emocional (QE) em graus variados. Mesmo que a pessoa tenha tanto inteligência cognitiva quanto emocional a ponto dessas imagens fundirem-se, ainda assim, das duas, é a inteligência emocional que contribui com um número muito maior das qualidades que nos tornam mais plenamente humanos.

A Comunicação Assertiva está atrelada à Educação Emocional. Esta nos ajuda a desenvolver o hábito de expressar o que sentimos quando somos interpelados ou agredidos por alguém. O outro precisa saber o que sentimos depois dele ter feito ou dito algo. E o mesmo comportamento deve ser praticado por nós: ouvir o que o outro tem a dizer sobre seus sentimentos.

Além disto, devemos estimular o outro a ouvir-nos sem se colocar na defensiva. O outro deve respeitar nossa posição e ser empático ao que está vivo em nós naquele momento. O mesmo deve acontecer conosco.

Para terminar este texto, quero registrar que temos um poder pessoal incrível! O de conseguirmos realizar aquilo que traçamos como meta ao mesmo tempo que rejeitamos obstáculos, situações ou pessoas que impedem nossas realizações.

Para este avanço, devemos enfraquecer o inimigo número 1 que sempre invade nossos pensamentos, transformam nossas emoções e sentimentos e maculam nossas ações. Aquele que Steiner chama de Pai Crítico, ou "superego severo".

Para derrotar este inimigo e introduzir o Guerreiro Emocional que está adormecido em nós, é interessante desenvolvermos as sete fontes do poder não agressivo, ou seja, do poder assertivo, a saber: equilíbrio, paixão, controle, amor, comunicação, informação e transcendência. Nenhuma destas aptidões é mais valorizada do que as outras. Juntas, elas possuem uma grande capacidade de efetuar mudanças. Sobre estas fontes, consulte a obra do Steiner.

Neste pequeno texto, quis trazer para você, querido leitor, algumas opções para ser assertivo. Só ter Quociente de Inteligência, tão bem aceito há alguns anos, não basta se não tivermos o elemento emocional caminhando junto. São forças distintas e alicerces duradouros para uma existência qualificada, educada, sendo fonte grandiosa de energia e poder.

Se você estiver disponível e receptivo para praticar com sinceridade estas forças, você vai combater o Pai Crítico, a cegueira e a surdez emocional. Vai impedir que esse lado obscuro destrua o que há de bom em você.

Faça uso destas fontes de poder para tornar-se um Guerreiro Emocional a favor de um comportamento assertivo e de relações mais saudáveis. "Tem certas coisas que eu não sei dizer... e digo...". Tenho dito!

Marisa Stabilito | 47

Referências

CARNEGIE, Dale. *As cinco habilidades essenciais do relacionamento – como expressar, ouvir os outros e resolver conflitos.* São Paulo: Cia Editora Nacional, 2011.

CARNEGIE, Dale. *Como fazer amigos e influenciar pessoas.* 45.ed. São Paulo: Cia Editora Nacional, 1981.

FEIJÓ, Caio. *Os dez erros que os pais cometem – como preveni-los e corrigi--los.* Osasco-SP: Novo Século, 2006.

MARTINS, Vera. *Seja assertivo – como ser direto, objetivo e fazer o que tem de ser feito. Como construir relacionamentos saudáveis usando a assertividade.* Rio de Janeiro: Alta Books, 2017.

ROSENBERG, Marshall. *Vivendo a comunicação não violenta.* Rio de Janeiro: Sextante, 2019.

STEINER, Claude; PERRY, Paul. *Educação emocional – um programa personalizado para desenvolver sua inteligência emocional.* Rio de Janeiro: Objetiva, 2001.

6

COMUNICAÇÃO NÃO VERBAL

Neste capítulo, o leitor terá acesso a informações que demonstram a importância da Comunicação Não Verbal em suas relações. Saberá identificar muitas formas de interpretação dessa comunicação e também, como poderá, de maneira consciente, modificar sua linguagem não verbal em seu dia a dia com o objetivo de comunicar-se de maneira mais eficaz com os outros e consigo mesmo.

RAQUEL BARBERINO

Raquel Barberino

Raquel Barberino possui certificação Internacional em *Professional Master, Executive, Leader* e *Life Coaching*, pela International Association of Coaching (IAC) Professional Coaching Alliance (PCA), Association for Coaching (AC) e European Mentoring & Coaching Council (EMCC) – SLAC Coaching. Certificação em Análise de Perfil Comportamental (DISC), pela ATOOLS (soluções em Recursos Humanos). *Master Practitioner* em PNL (Programação Neurolinguística), Certificação Internacional em Hipnose, Constelações Sistêmicas pelo Elsever Institute. Raquel tem MBA Executivo em Marketing pela ESPM, formada em Engenharia de Produção e Tecnologia de Processos de Produção pela FATEC-SP. Possui mais de 12 anos de experiência profissional em grandes multinacionais. Especialista em apoiar pessoas e empresas a atingirem suas metas de vida e de carreira.

Contatos
www.raquelbarberino.com.br
contato@raquelbarberino.com.br
Instagram: @raquelbarberino
11 99523-2165

O mais importante em uma comunicação
é ouvir o que não está sendo dito.
Peter Drucker

Para um bom entendedor, um olhar já basta!

Provavelmente na sua infância – ou de alguém que você conhece – quando sua mãe, tia ou avó, fazia algum tipo de expressão facial justamente naquele momento em que você ia fazer algo que não poderia, o recado já estava dado: "é melhor você refletir sobre isso, pois pode ter consequências!". Às vezes, nem era necessária expressão facial; apenas um olhar, já lhe dava o recado se você tinha permissão ou não para prosseguir.

Isso já aconteceu com você? E quando você conversa olhando nos olhos de alguém e essa pessoa desvia o olhar? Para alguns, esse pode ser um sinal de que seu interlocutor está querendo fugir do assunto ou esconder algo. Por outro lado, essa pessoa pode ser tímida e não quer se expor.

Quando em uma discussão, alguém cruza os braços: será que essa pessoa está querendo se proteger? Ou será que está simplesmente com frio?

São inúmeras as hipóteses que uma expressão facial ou corporal podem trazer. E, geralmente, é preciso entender o contexto geral para, então, interpretar essa comunicação não verbal.

Afinal, o que é mesmo essa tal de "comunicação não verbal"?

É toda comunicação que fazemos com o nosso corpo, ou seja, sem comunicar através de palavras ditas ou escritas. É tudo aquilo que é comunicado com nossos gestos, postura, contato visual – guarde essa descrição: comunicação não verbal é toda aquela mensagem que *"você vê"* ou *que "você mostra"*.

A grande maioria de nossos gestos são inconscientes, ou seja, fazemos de maneira automática, como se fosse uma programação preexistente da nossa

Raquel Barberino | 51

mente, guiando seu corpo a passar a mensagem que está sendo processada dentro de você, no seu emocional.

– Preciso te dizer uma coisa importante: sua comunicação não verbal não está apenas transmitindo mensagens para as outras pessoas.

– *Como assim Raquel?*

– Sim, a sua comunicação corporal também se comunica com você mesmo (a); sua postura, seus gestos e como você se percebe também está enviando mensagens importantes ao seu cérebro.

– *Uau! Conte-me mais sobre isso, como funciona?*

– Você saberá como até o fim deste capítulo.

Qual é a importância de entender sobre comunicação não verbal?

Já ouviu aquela frase: *A primeira impressão é a que fica*? Em geral, os primeiros 90 segundos de todo contato – seja em uma entrevista de emprego, em uma apresentação numa reunião, em uma palestra (e aqui vale ressaltar que pode ser tanto presencial quanto virtualmente) – esses primeiros segundos são suficientes para criarem-se imagens sobre a pessoa que irá se apresentar, mesmo que ela não tenha ainda dito nenhuma palavra.

Imagine que você está montando aqueles brinquedos de Lego. Sim, aquelas peças que se encaixam e no final formam figuras completas de acordo com a sua criatividade. Vamos supor que essas figuras que você está montando formam a mensagem que você quer passar, que será construída através de três peças principais:

- o conteúdo da sua mensagem, ou seja, "o que" você está falando (palavras).
- o tom da sua voz
- sua linguagem corporal (não verbal)

O psicólogo e professor norte-americano, *Albert Mehrabian*, da Universidade da Califórnia (UCLA), através de um estudo nos anos 1970, criou a Teoria 7-38-55. Esse estudo indicou que no processo de comunicação somente 7% do impacto da mensagem vem de seu conteúdo (o que está sendo verbalizado), 38% do tom e velocidade da sua voz e 55% do impacto da mensagem que está sendo passada – sim 55% – vem da linguagem não verbal (gestos, postura, contato visual).

Portanto, o sucesso da sua comunicação não vem, nem de longe, somente do conteúdo que você está passando, mas, principalmente, de como você está falando.

52 | Comunicação assertiva

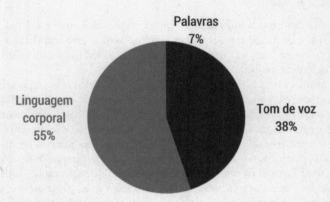

Figura 1: imagem ilustrativa da teoria de Mehrabian.

O gráfico acima ilustra a importância da linguagem não verbal no impacto da mensagem que você quer passar.

Quais são as formas de comunicação não verbal?

Aqui serão mostrados apenas alguns dos inúmeros exemplos de interpretação da linguagem não verbal:

Postura ou expressão corporal

A nossa postura mostra se estamos abertos ou mais fechados; se estamos preparados, atentos, cabisbaixos ou introspectivos. Quando uma pessoa está com seu tórax estufado e erguido, provavelmente, estamos diante de uma postura de alguém que está se exaltando. Geralmente são pessoas vaidosas, autoconfiantes, ou somente querem se impor naquele momento específico.

Quando, ao contrário, o tórax está encolhido, estamos diante de uma pessoa que está se sentindo diminuída de alguma forma ou quer apenas se fechar para aquele contexto; geralmente são pessoas tímidas, mais introspectivas. Quando o tórax está ereto e não necessariamente estufado, demonstra uma posição de equilíbrio e segurança ao mesmo tempo.

Reflexão: *Como você tem usado a sua postura? Como está sua postura nesse momento? Em um momento que precisar demonstrar mais segurança, confiança, preste atenção em como seu tórax está posicionado, sempre usando com equilíbrio e consciência.*

Expressão facial

Você já deve ter ouvido aquele tipo de expressão: *estava na cara que ele não queria isso*. As expressões faciais são um fator muito importante para a clareza da comunicação, principalmente porque, em uma conversa, o rosto é o principal destaque.

Há muitos estudos indicando que o movimento dos olhos, das sobrancelhas, do nariz e da boca podem traduzir o que o interlocutor quer dizer, sem que ele tenha que verbalizar nenhuma palavra. É comum dizermos uma coisa, mas nossa expressão facial comunicar algo diferente. Geralmente, a tendência é acreditar mais na expressão facial e menos no que está sendo dito.

Você já perguntou a alguém se estava tudo bem, a pessoa balançou a cabeça dizendo que sim, mas "estava na cara dela" que não estava tudo bem?

Reflexão: *Você tem usado suas expressões faciais a seu favor ou contra você? Tem deixado escapar uma "virada de olhos", "uma entortada de boca", em momentos que, na verdade, não gostaria de passar aquela determinada impressão?*

Lembre-se: sua expressão facial comunica muito sobre seus sentimentos.

Gestos

São inúmeros os gestos e suas combinações possíveis. Começaremos falando sobre os gestos feitos com a cabeça. Há três posições básicas – a cabeça em posição reta indica que a pessoa está em posição neutra. Quando se inclina para o lado, pode indicar demonstração de interesse. Quando uma pessoa inclina sua cabeça para baixo, pode indicar um sentimento de tristeza, insegurança ou de negação.

Além das posições básicas mencionadas acima, também é válido citar que, quando a cabeça está erguida, a mensagem transmitida é de alguém que pode estar examinando, em posição de desafio ou confusa. Movimentos horizontais (de um lado para o outro), ideia de negação, movimentos verticais (de cima para baixo), ideia de aprovação ou quem sabe de ironia a algo que está sendo dito.

Exercício: *Procure perceber como você gesticula com sua cabeça em suas interações sociais, tanto em ambiente familiar quanto em ambiente mais formal.*

Braços cruzados

Esse, talvez, seja um dos gestos mais comentados na linguagem não verbal. Geralmente quando a pessoa cruza os braços, está se fechando para a interação social; pode também ser interpretada como posição de defensiva ou de autoproteção. Esse gesto costuma ser visto quando a pessoa está entre desconhecidos como, por exemplo, em locais públicos, filas, cafeterias, elevadores ou em qualquer lugar que se sentir desconfortável.

Se, além de estar com os braços cruzados, a pessoa também serrar os punhos há grande sinal de hostilidade e defesa.

Exercício: *na próxima vez em que você estiver em locais públicos, como elevadores, filas etc., observe os movimentos dos braços das pessoas ao seu redor. Faça essa mesma observação quando conversar sobre algum assunto desconfortável com algum conhecido, familiar ou colega de trabalho.*

Base

O que não poderia faltar aqui nesse tópico é a importância de prestar atenção na sua "base". E o que seria essa base? Base é a posição das suas pernas quando você está em pé, seja em um discurso, palestra ou até mesmo conversando com outra pessoa. Um gesto muito usual quando se está falando é o de deixar essa base movimentar-se muito, ficar balançando o corpo de um lado para o outro ou apoiar-se em uma das pernas, deixando o corpo numa posição mais diagonal que vertical. Também é muito comum o gesto de apoiar-se em algum púlpito, mesa, parede etc. Esse tipo de posição pode passar uma sensação de insegurança e instabilidade ao seu interlocutor, mesmo que de maneira inconsciente.

O ideal é que suas pernas estejam afastadas mais ou menos na linha de seus ombros, que fiquem paradas enquanto você está falando e seu tronco esteja na posição vertical. Assim se demonstra mais serenidade e equilíbrio, trazendo mais credibilidade a quem está falando.

Exercício: comece a prestar atenção na base utilizada pelos bons oradores que você conhece (figuras públicas, palestrantes, políticos etc.). Eles normalmente discursam numa posição fixa, mexendo somente os braços; eventualmente mudam de posição. Mas na grande parte do discurso conseguem manter-se fixos em suas bases.

Como utilizar a linguagem não verbal para mudar seu estado emocional

A Programação Neurolinguística (PNL) explica como nós podemos interferir – de propósito – em nossos estados emocionais. E nosso estado emocional é o que nos move em nosso dia a dia. Por exemplo, no dia em que estou mais animada, geralmente produzo mais, sinto-me mais confortável e minha mente fica mais criativa. No dia em que estou desanimada, meu rendimento é menor, meu humor não está bom e automaticamente minha mente fica mais lenta. Isso provavelmente também acontece com você.

Através de estudos, chegou-se à conclusão de que são três os fatores que interferem em nosso estado emocional, ou seja, em nossas emoções – em como nos sentimos. São eles:

1. fisiologia (sua postura);

2. palavras (tanto as ditas quanto as pensadas);
3. foco (aquilo em que você coloca sua atenção).

Figura 2: tríade de estados emocionais.

Como você gostaria de sentir-se agora? Mais confiante, mais disposto(a), sentir mais tranquilidade? Então: qual tem sido seu foco? Está focando em coisas que irão aproximá-lo ou afastá-lo desse estado emocional? Quais têm sido as palavras que você tem dito ou pensado? Elas combinam com esse estado emocional que você busca? Ou são totalmente opostas?

Agora, o *gran finale*. Preste atenção à sua postura corporal. Como ela está agora? Quer se sentir mais confiante? Então, levante-se agora e imagine como seria a postura de alguém confiante? Quer se sentir mais animado? Então, como está sua postura agora? Está condizente com esse sentimento que você quer?

Sua mente vai alinhar os sinais do seu corpo com a sua vontade. Se em sua mente está pensando em algo que você quer, mas está dizendo algo totalmente diferente com seu corpo, provavelmente o impulso para suas ações não será tão forte. Quer se sentir mais disposto? Observe seu corpo; sua postura. Corrija de propósito! Use essa estratégia a seu favor!

Referências

PEASE, Bárbara; PEASE, Allan. *Desvendando os segredos da linguagem corporal.* Rio de Janeiro: Sextante, 2005.

SBIE. *Linguagem corporal e psicologia.* Disponível em: <sbie.com.br/blog/linguagem-corporal-e-a-psicologia/>. Acesso em: 11 de jan. de 2021.

WEIL, P.; TOMPAKOW, R. *O corpo fala.* Disponível em: <abrhbrasil.org.br/cms/materias/artigos/a-arte-de-convencer-atraves-da-oratoria/>. Acesso em: 11 de jan. de 2021.

7

A INFLUÊNCIA DOS TRAÇOS DE CARÁTER NA FORMA DE SE COMUNICAR

Para se comunicar com excelência, é preciso entender o modelo de mundo do outro. Identificar o que é importante para o outro e como ele percebe a realidade nos dá um arcabouço de oportunidades fantásticas. Neste capítulo, vou abordar uma ferramenta poderosa que vai potencializar sua maneira de se relacionar com as pessoas seja no ambiente profissional seja no pessoal.

YURI MOTTA

Yuri Motta

Atua com Treinamento e Desenvolvimento de pessoas desde 2005. Trabalhou em grandes empresas e já ministrou palestras e treinamentos em diversas regiões do Brasil. Mentor de estratégia profissional, já ajudou centenas de pessoas a acelerar seus resultados e subir para o próximo nível em suas carreiras. *Professional Executive Coach* e *Personal Coach* pela Sociedade Latino Americana de Coaching e Certificado pela International Association of Coaching); Analista DISC e ASSESS pela SLAC e HR Tools; *Professional & Self Coach* pelo Instituto Brasileiro de Coaching - IBC Certificado por European Coaching Association e Global Coaching Community; *Behavioral Analyst* pelo Instituto Brasileiro de Coaching e Global Coaching Community; Analista de Mapeamento de Perfil Comportamental Profiler pela SOLIDES; Bacharel em Marketing pelo Centro Universitário Bahia.

Contatos
www.yurimotta.com.br
contato@yurimotta.com.br
Instagram: @yurimottaoficial
YouTube: Yuri Motta
71 99267-4165

Deixe-me contar uma breve história: sou o filho do meio e vivi os complexos típicos desta circunstância: me sentia rejeitado, era grosseiro e brigão. Aos 16 anos, decidi fazer terapia e comecei a me apaixonar pelo mundo de possibilidades que o ser humano tem de se transformar. Aos 19 anos, estava lendo o livro Inteligência Emocional de Daniel Goleman. O que para muitos era uma leitura chata e técnica, para mim foi um divisor de águas, me proporcionando reflexões e me inspirando a agir diferente perante a situação em que me encontrava, ou melhor, diante do contexto que minha mente tinha a capacidade de enxergar naquele momento.

A terapia me proporcionou grandes *insights*, me ajudou a entender que as pessoas são como são e devo me esforçar em mudar a mim mesmo, ou aqueles que querem espontaneamente se colocar em algum processo de desenvolvimento pessoal comigo. Os outros merecem meu total respeito ao direito de ser quem são e estar onde estão. Foi disruptivo!

Diversos outros livros e cursos me impulsionaram nesta trajetória que foi marcada principalmente pela mudança na maneira com que eu me comunico com o mundo. Percebi que as pessoas reagem conforme seu modelo de mundo e suas reações, em grande parte, são um reflexo das minhas abordagens! Sim, minhas abordagens e as suas são pontos fundamentais.

Por isso, desejo passar para você uma destas técnicas que mudaram profundamente minha comunicação e consequentemente meus resultados nas relações.

O desafio das relações interpessoais e o respeito à individualidade

Relacionar-se pessoal e profissionalmente é um desafio constante! Influenciar positivamente as pessoas faz parte desse desafio cotidiano. A questão é: "Como influenciar se cada cabeça é um mundo?", "Se as pessoas são tão diferentes?", "Se elas mudam com frequência?".

Todos estes questionamentos são válidos. Mas, se pesquisarmos profundamente, descobriremos a existência de **padrões de comportamento** que podem ser mapeados e interconectados para gerar uma avaliação a fim de facilitar a compreensão de como o outro pensa e, assim, comunicar-se com ele de forma efetiva e assertiva.

Cada um de nós possui recursos internos que podem ser utilizados para alcançar resultados extraordinários em nossa carreira e vida pessoal. Mas imagine colocar um macaco, um peixe e um elefante para participarem de uma competição: ganha quem subir na árvore mais rápido! Obviamente, o peixe e o elefante se sentirão frustrados, fracassados e completamente incapazes. Provavelmente perderão o interesse em quaisquer outras competições. Quantas horas o peixe ficará se perguntando: *"será que não sirvo para nada?"* sem conseguir entender que sua natureza o faz nadar e não subir em árvores.

O corpo explica como sua mente funciona

Meu objetivo é trazer referências, bases de percepção, que possam te ajudar a compreender o modelo de mundo do outro e acessá-lo com respeito e responsabilidade.

Todo o ser humano é único. Por isso, o foco não é trazer uma fórmula mágica e sim perspectivas que te ajudarão a aguçar o senso de percepção do outro, possibilitando uma comunicação mais assertiva de acordo com cada modelo de mundo.

Este capítulo baseia-se nos estudos de três brasileiros: Elton Heuler, Vanessa Cesnik e Guilherme Gest. Eles desenvolveram uma técnica de análise corporal chamada *O corpo explica*, que consegue demonstrar o tipo de mente que cada pessoa tem a partir do formato do seu corpo.

Este conhecimento surgiu quando estes estudiosos do desenvolvimento humano aprofundaram, interconectaram e criaram técnicas baseadas nas pesquisas científicas de três grandes profissionais: Wilhelm Reich, médico, psicanalista, ex-colaborador de Sigmund Freud; Alexander Lowen, psicanalista estadunidense de orientação freudiana, que foi um dos estudantes de Wilhelm Reich em 1940; e Bert Hellinger, psicoterapeuta alemão, criador das Constelações Familiares.

Perspectivas importantes para entender esse conhecimento

A mente e o corpo são uma coisa só. A partir do formato do corpo de uma pessoa é possível saber que tipo de mente ela tem. Isso nos ajuda a interagir melhor com essa pessoa principalmente entendendo que ela percebe o mundo a partir de suas características. Cada formato corporal tem potenciais recursos que, se trabalhados e desenvolvidos, colocam a pessoa em pleno funcionamento, tendo a possibilidade de gerar resultados de alto impacto.

Em contrapartida, quando estas pessoas estão na dor do seu traço de caráter (características corporais e comportamentais que as pessoas adquirem a partir da mielinização da medula ao longo dos cinco primeiros anos de vida) elas travam e têm comportamentos destrutivos como ciúmes, desconfiança, excesso de controle e outros, o que a impede de ter uma boa relação com as pessoas.

Não se assuste com os nomes; eles não têm relação com as patologias – são apenas os nomes científicos de cada traço que foram mantidos com base nos estudos científicos de *Reich* para fazer referência fidedigna ao conceito.

O corpo humano tem o formato baseado em cinco traços de caracteres:

1. O **Esquizoide** tem o formato do corpo mais retangular, com aspectos mais pontudos, cabeça grande e olhar desfocado. Um dos seus principais recursos é a *criatividade* e sua principal dor é sentir-se rejeitado. Na *comunicação* demonstra necessidade de um nível mais lógico, é extremamente racional, não gosta muito de contato físico, gosta de ficar na sua "caverna" e racionaliza as emoções.

2. O **Oral** tem o formato do corpo mais arredondado. Um dos seus principais recursos é a *comunicação* e sua dor é sentir-se abandonado; necessita ser escutado. Este traço é sensível e gosta de calor humano. Não tem muita objetividade, mas gosta de falar e estar em contato com outros.

3. O **Psicopata** tem o formato do corpo de um triângulo virado de cabeça para baixo. Seu principal recurso é a liderança. É articulado e anseia por resultados. A sua dor é sentir-se manipulado. Muito prático, não demonstra sensibilidade. Na *comunicação,* gosta de liderar, manipular, barganhar, mas tem dificuldade em executar os próprios planos.

4. O **Masoquista** tem o formato do corpo mais quadrado, passando uma sensação de estar fechado e tenso. Seu principal recurso é o *planejamento* e sua dor é sentir-se humilhado. Na *comunicação,* é cauteloso e atencioso, não expressa seus sentimentos, tem dificuldade em dizer "*não*" e delegar, não gosta de improvisos e ama regras claras. Dificilmente expõe seus sentimentos.

5. O **Rígido** tem o formato do corpo mais cheio de curvas, lembrando uma ampulheta. Tendem a ser as pessoas socialmente reconhecidas como "bonitas". Seu principal recurso é a *proatividade* e sua dor é sentir-se traído. Tem grande disposição para executar o que se propõe a fazer. Na *comunicação,* é competitivo, sempre em busca da perfeição, mas pode travar sempre que precisar tomar uma decisão importante.

Aqui apresentei as características principais, o que já é o suficiente para você começar a entender como a mente de cada traço funciona. Destaco que todos temos os cinco traços de caráter dentro de nós e que cada corpo tem a sua própria combinação de traços, o que nos torna únicos. O importante, já que você não é um analista corporal, é entender a linha de raciocínio para avaliar a tendência comportamental da pessoa e, a partir daí, interagir com ela com base no que você leu neste capítulo.

Vamos à prática

Se você leu este texto e já se lembrou de alguém que parece ser **esquizoide**, a primeira coisa a fazer é entender que a frieza dele não é com você; é com qualquer um. Sendo um traço mais racional, você deve prestar atenção às suas ideias e demonstrar respeito ao seu jeito de pensar. Se gostar da ideia, elogie-a, mas se não gostar, apenas respeite. Se demonstrar um tom de deboche ou desvalorização, ele se fecha e pode não se abrir mais para você.

Muitas vezes este perfil passa a maior parte do seu tempo no mundo imaginário, navegando em suas ideias, mas isso é que o possibilita exercitar a sua criatividade, que é seu principal recurso. Então, deixe-o quieto no seu canto. Não fique querendo conversar ou puxar assunto a todo o momento. Isso vai deixá-lo com a sensação de que seu espaço é respeitado e lhe abrirá portas para uma comunicação mais assertiva.

Percebeu que se relaciona com uma pessoa mais **oral**? Ela certamente é uma pessoa que gosta de ficar mais grudada, de tocar, de estar junto. Tende a falar bastante. Muitas vezes, precisa de um ouvido amigo que a ouça com carinho e sem pressa. É uma pessoa acolhedora e sensível. Pode até ser sensível demais em algumas situações. Para o oral, o pouco "é muito pouco" e o muito "é excessivo"; ele está sempre exagerando em suas sensações. Para entendê-lo em sua necessidade, ofereça acolhimento e atenção e terá uma pessoa para contar perto de você.

O traço de caráter **psicopata** (lembre-se, não tem relação com as patologias – são apenas os nomes científicos de cada traço) tem a mente voltada para a utilidade; seu senso de praticidade é aguçado. Pessoas prolixas podem deixá-lo chateado. É preciso ir direto ao assunto, ser claro e objetivo. Como são líderes, gostam de saber que você está sempre à disposição para ajudá-los, caso precisem. Lembre-se: o fato de não se importar muito com sentimentos não significa que é uma má pessoa.

O traço **masoquista** precisa sentir-se valorizado para falar o que sente. Ele segue regras à risca e gosta de tudo certo. Muitas vezes seu conceito de certo é muito específico. Isso pode ser contornado demonstrando respeito às suas ideias e apresentando as novas formas de enxergar a solução de um problema através de um pensamento estruturado e lógico.

Dê a ele segurança e valorize-o, permita-lhe errar sem culpa (já basta a culpa que ele vai colocar sobre si mesmo). Ele tem seu ritmo, costuma ser mais lento, mas, uma vez decidido, não volta atrás. Sua habilidade é suportar situações difíceis; ele tem orgulho disso. Então valorize esse ponto forte.

O **rígido** é o último que se forma no processo de mielinização da medula. Ele precisa sentir-se seguro perto de você. Reconheça que ninguém pode ocupar o lugar que ele tem na sua vida; ele precisa se sentir único. Jamais exija que ele se concentre apenas em um projeto; sua natureza leva-o a envolver-se em vários projetos ao mesmo tempo, muitas vezes levando à falta de foco. Isso pode ser resolvido ajudando-o a escolher os projetos certos onde ele será a "estrela" e obterá resultados consistentes. Ele quer que as pessoas o reconheçam e encantem-se, se for o caso. Demonstre isso!

Estas são dicas simples. Não conseguiria abordar em apenas um capítulo a complexidade de cada traço. Levando em consideração que a maioria de nós tem dois e, às vezes, até três traços predominantes, é preciso levar em consideração que podemos ser esquizoides e orais ao mesmo tempo. Como assim? Podemos ser práticos e prolixos ao mesmo tempo? Não ao mesmo tempo, mas ora podemos estar atuando mais em um traço e ora em outro e esta é a beleza dos traços de caracteres.

Entendê-los em nós pode nos ajudar a perceber qual traço está mais presente na pessoa com quem estamos relacionando-nos naquele momento e passar a agir de forma a criar uma conexão verdadeira que facilite a relação.

Pontos de desenvolvimento

Perceba que as qualidades, se mal utilizadas, seja por imaturidade seja por falta de caráter, podem ter vieses negativos. O esquizoide pode ser arrogante e tentar humilhar os outros; o oral pode exagerar no sentimento e agir sem pensar; o psicopata pode ser um manipulador; o masoquista um perfeccionista; e o rígido um vaidoso. Claro que estou sendo simplista. Quero apenas estimulá-lo a perceber que temos qualidades e pontos de desenvolvimento. Nossas principais habilidades podem "jogar contra nós" se não trabalharmos com autoconhecimento e decisões diárias.

A sua maior conquista

Se você entender cada uma destas perspectivas, sua habilidade de se comunicar será fantástica. Você saberá com quem você deverá ser mais direto, quem precisará ser escutado com mais paciência e quem deve ser desafiado. Hoje minha relação familiar é maravilhosa. Sou amigo dos meus irmãos e convivo em paz com meus pais. Atualmente, casado, tenho outra percepção de como minha esposa enxerga a vida e isso mudou tudo.

No trabalho, atender e interagir com o público ficou muito mais fácil; entender o modelo de mundo dos meus clientes faz toda a diferença nos resultados que tenho conseguido: desde líderes que ganharam prêmios de melhores gerentes nível Brasil em suas empresas até profissionais que estruturaram suas carreiras de maneira assertiva e foram promovidos.

Aproveite este capítulo para ampliar sua visão de como o ser humano funciona e como se comunicar melhor com cada um. Quer o pulo do gato? Tudo que falei aqui em relação ao outro encaixa-se primeiramente em você! Analise-se, tente identificar seus principais traços de caráter, seus recursos, suas dores e foque em trabalhar seus recursos internos. Quando nos conhecemos e nos respeitamos, aprendemos a conhecer e respeitar o outro. Sem dúvidas você começará a comunicar-se de maneira assertiva e irá gerar resultados excelentes. Aplique o mais breve possível!

Referência

O corpo explica. Disponível em: <escola.ocorpoexplica.com.br/library>. Acesso em: 1 de jun. de 2020.

8

A EXPRESSÃO QUE AUMENTA A COLABORAÇÃO

Fazer pedidos que aumentem a chance de colaboração do outro passa por atitudes propostas pela comunicação não violenta. Priorizando a conexão nas relações, o convite é observar a realidade, conectar, nomear e expressar meus sentimentos e assumir a responsabilidade pelo que é importante para mim e, a partir daí, fazer pedidos que cuidem de mim e do outro.

JULIANA MAROTO & THAYNA MEIRELLES

Juliana Maroto

Facilitadora dedicada à transformação de relacionamentos. Especialista em Comunicação Não Violenta, com treinamento pelo Centro Internacional de CNV. Escolheu esse caminho para construção do futuro que deseja. Formada em Jornalismo pela PUCSP e especializada Comunicação Científica pela Unicamp. Praticante e estudiosa de temas como yoga, meditação, budismo, yoga do riso e fluxonomia.

Contatos
www.cnvkonekti.com
ola@cnvkonekti.com
Instagram: @cnvkonekti
LinkedIn: www.linkedin.com/company/cnvkonekti/
11 99272-2728

Thayna Meirelles

Educadora e facilitadora de processos para desenvolvimento pessoal. Utiliza a Comunicação Não Violenta (CNV) na sua atuação profissional e a vivencia no dia a dia a partir da escolha de como quer construir seus relacionamentos e relacionar-se com o mundo. Doutora pela USP, Mediadora e Gestora de conflitos, Facilitadora de diálogo e processos circulares, Especialista em Empatia e CNV com treinamento pelo Centro Internacional de CNV.

Contatos
www.cnvkonekti.com
ola@cnvkonekti.com
Instagram: @cnvkonekti
LinkedIn: www.linkedin.com/company/cnvkonekti/
11 99272-2728

Seja no trabalho ou na vida pessoal, o tempo todo precisamos da colaboração das pessoas. Às vezes até tentamos resistir a pedir ajuda, mas o fato é que, como seres relacionais, necessitamos uns dos outros. E quando falamos em colaboração, uma confusão comum é acreditar que recebê-la do outro é conseguir que ele faça o que queremos, ou seja, que nos obedeça. Colaborar é construir estratégias conjuntas que cuidem de todos, eu e o outro, o que só é possível através de comunicação clara e cuidadosa.

Além de confundirmos colaboração com obediência, muitas vezes acreditamos que o que precisamos é óbvio para o outro. Por exemplo, eu volto ao trabalho, depois de uma licença médica e encontro na caixa de e-mails da minha equipe várias mensagens não respondidas. A descoberta deixa-me irritada e passo a dar indiretas aos meus colegas sobre a falta de organização na minha ausência. Não demonstro curiosidade sobre o motivo do acúmulo dos e-mails e nem conto a eles que gostaria que os e-mails tivessem sido respondidos porque a eficiência no atendimento demonstra o cuidado aos clientes que eu valorizo. Entretanto, o óbvio não existe e os seres humanos não querem agir por obrigação.

Quando recebemos mensagens de que **deveríamos** ou **temos que** fazer algo, por mais que o "pedido" faça sentido, perdemos a vontade de colaborar. Essa é a reação imediata do nosso organismo, que percebe uma ordem como ameaça ao nosso poder de escolha e autonomia. Assim, tentando defender algo muito importante para nós, não queremos mais colaborar e, quando o fazemos, fazemos contrariados. O que nos motiva, neste caso, são sentimentos como medo (do que pode vir a acontecer caso não colabore), culpa (acho que preciso "devolver" o que você fez por mim) e vergonha (de parecer a única pessoa a não colaborar).

Essa forma de interação pode gerar resultado imediato, mas, quando alguém na relação age a partir deste tipo de motivação, o relacionamento inevitavelmente paga o preço, seja em curto, médio ou em longo prazo. Quem tem filhos adolescentes sabe bem disso. Quando eles se submetem à ordem de fazer um programa com a família, que eles consideram entediante, o resultado pode ser horas de desconforto com um jovem aborrecido e imerso em seu celular. Ele obedeceu, mas mostrou a você que estava insatisfeito e contrariado.

A longo prazo, caso ele continue fazendo coisas que não quer fazer, somente porque você quer que ele faça, minimamente haverá uma desconexão entre vocês, emocional e mesmo física, resultando em um possível afastamento. Isso acontece em todas as relações, independente do papel ou cargo que exercemos em relação ao outro.

Propomos uma forma de expressão que aumenta a colaboração, que começa por uma mudança no foco de atenção. Ao invés de priorizar o resultado imediato, investimos na conexão humana, priorizando as relações. Essa proposta integra a Comunicação Não Violenta (CNV), uma abordagem que valoriza a construção de relacionamentos mais significativos na vida pessoal ou profissional. A partir da conexão, criamos confiança e aumentamos as chances de colaborarmos uns com a vida dos outros.

E como geramos conexão humana?

Na CNV, acreditamos que tudo o que fazemos é para cuidar daquilo que é importante para nós, como seres humanos, e que todos compartilhamos o que chamamos necessidades universais. Alguns exemplos são: alimento, ar, segurança, reconhecimento, comunidade, bem-estar, liberdade, afeto etc. Desta maneira, não há aquilo que é certo ou errado (o que eu ou o outro deveríamos fazer), mas apenas pessoas tentando fazer o melhor que podem com os recursos que possuem, mesmo que o resultado/impacto descuide de alguma das partes. É uma mudança de paradigma.

Compreendendo que todos queremos cuidar das mesmas necessidades, então o que muda é a maneira que cada um escolhe fazer isso. Nós nos diferenciamos pelas estratégias que escolhemos para cuidar das necessidades que compartilhamos. Nosso repertório de estratégias depende de nossos aprendizados, experiências e cultura. Por exemplo, no meu bairro, cada vizinho pode ter uma estratégia diferente para cuidar da sua segurança. Um deles acredita aumentar a segurança ao manter a sua casa aberta para as pessoas da comunidade, assim pode pedir ajuda quando precisar. Outro vizinho construiu muros bem altos na sua casa, instalou um interfone e câmera do portão e evita até que percebam a movimentação na sua casa.

A partir do que conhecemos e acreditamos, escolhemos estratégias que atendem melhor as nossas necessidades. Perceba que os conflitos acontecem na camada das estratégias, nunca das necessidades. E é, ao considerar as necessidades do outro, que a conexão acontece e a colaboração tem mais possibilidades de surgir. Quando sou visto e considerado pelo outro, confio que ele quer atuar também para cuidar das minhas necessidades, e não apenas das dele. Assim, sinto-me incluído, pertencente e desperta minha vontade genuína de colaborar para tornar nossas vidas mais maravilhosas.

Quais são as atitudes para uma expressão que gera colaboração?

Observar a realidade

É muito comum confundirmos o que aconteceu (observação) com a nossa interpretação sobre o que aconteceu (julgamentos). Essa confusão gera conflitos, desconecta-nos uns dos outros e diminui a nossa disposição para colaboração. Quando eu digo para meu parceiro que ele é um folgado porque não lavou a louça suja da pia, estou expressando o meu julgamento sobre ele. Eu coloco um rótulo no outro que, provavelmente, vai recebê-lo como acusação e tentar defender-se, além de diminuir, ou perder completamente, a vontade de colaborar comigo.

Por outro lado, é importante perceber que julgamos o tempo todo. Os julgamentos são importantes para a manutenção da vida, em várias situações, como, por exemplo, para calcular minha velocidade ao atravessar a rua ou checar se meus filhos brincam em segurança. Para economizar energia e proteger-nos, nosso cérebro organiza experiências e aprendizados vividos através de um grande arquivo com etiquetas genéricas como bom e mau, certo e errado. Entretanto, esse processo de simplificação não serve para nossos relacionamentos.

A linguagem é estática, ao passo que os seres humanos são dinâmicos. Nós não somos, nós estamos fazendo algo no momento presente. Então é importante atentar aos julgamentos moralizantes que fazemos sobre as pessoas, incluindo nós mesmos, e não trazê-los em nossas interações e buscar trazer em nossas falas apenas aquilo que realmente aconteceu, os fatos, praticamente aquilo que pode ser registrado por uma câmera. É um convite que pode ser colocado em prática com a ajuda das seguintes ações:

- Mantenha distância das generalizações e rótulos;
- Seja o mais específico e descritivo possível ao relatar uma situação;
- Assuma a responsabilidade sobre o que você pensa; o que é sua opinião.

Conectar, nomear e expressar meus sentimentos

Provavelmente, você não tenha uma relação muito próxima com seus sentimentos. E isso acontece porque culturalmente aprendemos que podemos sentir e expressar os sentimentos "bons", mas devemos abafar os sentimentos "ruins", embora isso seja impossível. Por mais que tentemos esconder alguns dos nossos sentimentos, eles continuam ali, voltando vez ou outra à superfície.

Juliana Maroto &thayna Meirelles | 71

Sentimentos são mensagens que nosso organismo utiliza para avisar como estão nossas necessidades. Portanto, não há sentimentos bons ou ruins; eles podem ser confortáveis ou desconfortáveis. Todos são importantes e estão a serviço do nosso mundo interno. Quando sentimos algum desconforto, como frustração ou raiva, significa que alguma(s) necessidade(s) ficou(aram) desatendida(s); quando sentimos algo confortável, como alegria ou satisfação, significa que alguma(s) necessidade(s) foi(ram) atendida(s).

Essa compreensão é válida para você e para o outro. Podemos aprender a relacionar-nos de uma nova maneira com nossos sentimentos. Parar para percebê-los ao se perguntar "o que estou sentindo?". Precisamos também saber nomear sentimentos e desenvolver vocabulário mais amplo para falar deles. E, finalmente, expressá-los, o que não significa agir a partir do sentimento. Isso é reatividade. Contar ao outro o que você está sentindo dá oportunidade dele também se abrir a você e a abertura para comunicação acontece.

Assumir a responsabilidade pelos meus sentimentos

Já entendemos que sentimentos são mensagens que contam como estão minhas necessidades, conforme vimos na atitude anterior. O que eu sinto surge a partir de como está cuidado aquilo que é importante para mim e não do que o outro fala ou faz. Eu não me irrito porque você chega depois do horário combinado.

Na verdade, eu me irrito porque tenho a necessidade de consideração, ou seja, gostaria que o valor do meu tempo fosse reconhecido, o que seria expresso por sua pontualidade. Essa mudança de percepção do "eu sinto porque você" para o "eu sinto porque eu" é um exercício de autorresponsabilidade, essencial para que possamos expressar-nos em busca de conexão.

Outra coisa importantíssima neste ponto é aprender a reconhecer minhas necessidades. Como assumir responsabilidade pelos meus sentimentos se desconheço dentro de mim aquilo que os causa? É preciso desenvolver vocabulário, relacionar-se também com as palavras que representam o que há de mais importante para nós como seres humanos.

Como exercício, pergunte a você mesmo: o que há de mais importante na vida que eu não poderia viver sem? Em seguida, pergunte-se se o conteúdo dessa resposta é importante para todos os seres humanos. Se a resposta for sim, você terá encontrado uma necessidade. Caso contrário, você ainda estará navegando no mar das estratégias.

Por exemplo, se a resposta for filhos, podemos reconhecer facilmente que ter filhos não é importante para todos os seres humanos; então, temos uma estratégia. Já as necessidades atendidas ao ter filhos, como por exemplo: amor, companhia, carinho, cumplicidade, dentre outras, essas sim são

72 | Comunicação assertiva

buscadas por todos. Para muitas pessoas essas mesmas necessidades são atendidas por outras estratégias como, por exemplo, ter muitos amigos.

Pedir a colaboração do outro

Quando alcançamos clareza sobre as nossas necessidades, descobrimos do que realmente queremos cuidar. Entra em cena a escolha das estratégias, ou seja, como fazer isso. Nosso leque de opções pode ser imenso se acessarmos nossa criatividade. Pedir a colaboração do outro para atender as nossas necessidades é uma possibilidade. Se optamos por ela, precisamos aprender a pedir.

Para fazer um pedido que aumenta nossas chances de colaboração, o primeiro passo é expressar-se com vulnerabilidade. Ou seja, contar como nos sentimos e o que é importante para nós, qual ou quais são as minhas necessidades que estou tentando atender. E, em seguida, dizer que gostaríamos de ter o apoio do outro para cuidar disso e com qual ação concreta ele poderia colaborar conosco.

Quanto mais propositivo e específico for o pedido (lembre-se da atitude de observar), incluindo pessoa, lugar, ação, tempo e objeto, mais chances de obter a colaboração do outro. O ideal é que o pedido também seja positivo, ou seja, você aponta o que deseja que o outro faça e não o que ele deixe de fazer, oferecendo clareza do que você realmente quer. E, por fim, perguntamos como seria para o outro fazer o que estamos pedindo, dispostos a receber um não, compreendendo que por trás de todo "não" que alguém diz para nós, existe um "sim" para algo que é importante para a própria pessoa. Assim, recebemos o não como um convite ao diálogo, a escutar as necessidades do outro e buscar junto com ele uma maneira de cuidar das necessidades de todos.

Ah! Que insuportável! Não toque violão depois das 22h! Este é um exemplo de exigência disfarçada de pedido. Além dos julgamentos e ausência de diálogo, pode não ficar claro que você quer tranquilidade e descanso a partir do silêncio. O outro, portanto, pode deixar o violão e começar a tocar bateria. Um pedido usando tudo o que vimos até aqui seria: *quando encontro você tocando violão, depois das 22h, fico bastante irritada porque não consigo dormir e o descanso é bastante importante para viver meus dias com energia. Depois desse horário, você poderia tomar cuidado com o silêncio na casa para eu poder descansar? Como chega esse pedido para você?* Nesse pedido, existe abertura ao diálogo e possibilidade de essas duas pessoas combinarem horários que cuidem do bem-estar de ambas.

A proposta da comunicação não violenta é fomentar a colaboração a partir de duas perguntas: o que está vivo em nós? O que podemos fazer para tornar nossa vida mais maravilhosa? Dar e receber mensagens a partir delas aumenta a conexão das pessoas valorizando o que todos nós compartilhamos, independente dos papéis que exercemos.

Referências

BROWN, B. *A coragem de ser imperfeito*. Rio de Janeiro: Sextante, 2013.

ROSENBERG, M. *A linguagem da paz em um mundo de conflitos: sua próxima fala mudará seu mundo*. São Paulo: Palas Athena, 2019.

ROSENBERG, M. *Comunicação não violenta: técnicas para aprimorar relacionamentos pessoais e profissionais*. São Paulo: Ágora, 2006.

9

COMUNICAÇÃO PELOS SENTIDOS

Quando falamos em comunicação, naturalmente nos vem à mente as palavras como o meio mais eficaz de passarmos nossa mensagem. Neste capítulo, convido-o a explorar a comunicação pelos sentidos e descobrir que podemos transmitir algo bem mais valioso. Seja para os nossos clientes, parceiros de negócios e até mesmo para os entes mais queridos.

FERNANDA NEVES DALL´ANESE

Fernanda Neves Dall'Anese

Empreendedora desde os 22 anos. Atuou no mercado de Eventos por mais de 15 anos. Atualmente se dedica ao mundo do bem-estar. Fundadora do Spa Boutique Taubaté, onde a comunicação dos sentidos é feita a todo momento. Graduada em Administração de Empresas pela Universidade Mackenzie, com pós-graduação em Administração e organização de Eventos pelo Senac. *Executive Coach* certificada pela SLAC – SP, e *Practitioner* em PNL. Possui certificação internacional no seminário UPW de Tony Robbins. Apaixonada por comportamento humano e psicologia positiva, vem estudando e envolvendo-se com o tema nos últimos sete anos.

Contatos
www.spaboutique.com.br
fernandadallanese@gmail.com
12 99670-3583

Quando eu abri a porta da minha sala já pude notar toda a ansiedade e nervosismo que Ana trazia consigo. Algo estava incomodando-a além do normal. A tensão refletia e tomava conta de seu semblante. Nunca a havia visto tão descontrolada. Com o olhar agitado olhando por todos os lados, mordia seus lábios como se precisasse segurar as palavras dentro de sua boca. Suas mãos molhadas de suor, pés inquietos e uma respiração extremamente ofegante. Jamais poderia imaginar o que estava acontecendo com ela.

Mas afinal, o que a deixava tão fora de controle? Estávamos numa agitada terça-feira de fechamento do semestre. Toda a empresa super animada e empenhada para expor seus resultados.

Ana, uma de nossas grandes promessas da companhia, iria ter finalmente a grande chance de expor suas ideias para a nossa diretoria. Ela vinha trabalhando arduamente por essa oportunidade durante os últimos anos e eis que chegou seu grande dia.

Sim, ela irá para a reunião de fechamento do semestre comunicar através de suas palavras todo o projeto de alavancagem para o seu setor e explicar detalhadamente como chegou nesses últimos dois anos a resultados tão além do esperado. Nada poderá sair errado. Essa era a sua grande chance para conquistar mais um importante marco na sua brilhante trajetória executiva e chegar a tão almejada promoção.

Ana, sempre é muito dedicada em tudo que faz. É do time das pessoas que buscam alta qualidade e possui um valor muito forte de melhoramento contínuo. O que para os olhos de algumas pessoas é visto como "nunca satisfeita".

Conhecemo-nos na Universidade. Desde o nosso primeiro semestre ficamos muito próximas. Temos valores pessoais muito parecidos e diversas afinidades. Sempre muito gentil, boa companhia e atenta à pessoas, Ana é nascida no interior de Minas Gerais mais especificamente em Poços de Caldas. Veio para São Paulo cursar Administração de Empresas. E, apesar de sua família ter negócios na sua cidade natal, ela jamais pensou em regressar para Minas Gerais.

Fazer parte do mundo corporativo e deixar sua marca no mundo das grandes empresas sempre foi seu grande sonho. Contou com o apoio total de seus pais que puderam dar-lhe todas as condições para sua formação.

Quando começamos a trabalhar, por coincidência, ingressamos na mesma empresa como trainee e juntas seguíamos construindo nossas carreiras. Eu na área de recursos humanos e Ana no setor de novos negócios da companhia.

Eu sempre confiei e sabia que Ana estava muito bem preparada para tal oportunidade; entretanto, ainda não estava entendendo o que havia ocorrido com a nossa conceituada profissional naquela manhã de terça-feira. Foi então que comecei a pensar em uma estratégia para que pudesse ajudá-la a voltar ao seu estado natural.

A reunião havia previsão para iniciar em poucas horas. Assim, teríamos algum tempo até que Ana pudesse se recompor emocionalmente. Ana começou a chorar e mostrou-me, através do WhatsApp, a foto de seu marido Roberto aos beijos com uma outra mulher na noite anterior.

Um filme passou pela minha cabeça naquele momento. Tiveram uma linda cerimônia de casamento na praia seis meses atrás, tudo perfeito nos mínimos detalhes, além do clima de amor que pairava no ar.

Roberto já estava no seu terceiro casamento. Ele é 12 anos mais velho que Ana. Estavam cheios de planos futuros e queriam muito ter um bebê. A situação não era nada fácil e eu precisava acalmar minha grande amiga sem transparecer meu desapontamento em relação à Roberto. De forma alguma poderia imaginar essa atitude dele. Eles eram muito apaixonados e, para completar toda aquela situação, Ana contou-me aos prantos que acabara de descobrir que estava grávida.

Um turbilhão de sentimentos tomava conta da minha amiga, que não sabia mais como iria conduzir tal reunião. Absolutamente devastada, precisaria reunir forças e não colocar tudo a perder. Muitas questões naquele momento para serem elaboradas e eu pensando o que poderia fazer para contornar a situação.

Fiquei completamente sem palavras, parecia-me que dizer qualquer coisa naquele momento não iria fazer o menor sentido. E foi então que dei-lhe um forte abraço, coloquei-a sentada na poltrona da minha sala e consegui preparar um chá para que ela se acalmasse.

Para minha sorte, aquele não era um chá qualquer, era algo especial que por uma graça do destino eu tinha na minha sala naquele momento. Um simples chá de camomila que, para minha grande amiga, era repleto de significado.

Quando Ana era pequena e machucava-se, sua mãe curava seus ferimentos com algodão embebecido no chá. Posteriormente, o chá também era oferecido à Ana para confortá-la de suas mazelas na adolescência. O

78 | Comunicação assertiva

cheirinho, o calor e o sabor do chá trouxeram instantaneamente uma sensação boa de conforto e de que tudo ficaria bem.

Ainda sem trocarmos muitas palavras, consegui colocar uma música relaxante no ambiente e liguei meu difusor de aromas. Discretamente consegui desligar nossos telefones e fui aguardando sua mudança emocional acontecer. E assim, como uma mágica, em alguns minutos, Ana já conseguia cessar o choro e melhorar seu semblante. Suas mãos já não suavam mais; seus pés e respiração já haviam retomado seus movimentos naturais.

E à medida que Ana acalmava-se ouvindo aquela música, envolvendo-se com os aromas, degustando, vendo e sentindo sua xícara de chá, tudo foi voltando ao seu curso normal. Somente então após longos 45 minutos ela se acalmou e conseguimos começar a conversar.

Confesso a você que não foi uma tarefa das mais fáceis; contudo, utilizar a comunicação sensorial foi fundamental para iniciar qualquer tipo de comunicação verbal.

Ainda tínhamos alguns minutos para separarmos as questões pessoais das profissionais. Um desafio e tanto para quem acabou de ter duas grandes revelações em sua vida pessoal. No final das contas, Ana conseguiu manter-se firme e colocar-se na reunião de maneira clara e objetiva. Dessa forma, chegou nos resultados profissionais esperados e que almejava há tanto tempo.

Por que estou contando essa história?

Porque, quando pensamos em comunicação, naturalmente nos vem à mente quase que com prioridade absoluta a comunicação verbal. É por meio das palavras que geralmente expressamos sentimentos, orientações, desejos, dúvidas, reclamações, sugestões, acaloramos discussões e posteriormente chegamos em alguma conclusão.

Na nossa história acima eu te mostrei como consegui, através de um chá, comunicar com algo muito mais poderoso do que qualquer palavra. Através do sentido paladar, ao vê-la degustar e sentir aquela xícara de chá, pude acessar suas boas memórias de acolhimento e bem-estar.

Com um abraço sincero comuniquei através do tato todo meu apoio nessa hora tão delicada de grandes questões e desafios. A música relaxante, que costumamos ouvir semanalmente durante nossas aulas de Yoga, trouxe para seu sentido auditivo a sensação de paz interior.

Você pode me dizer que é claro que toda essa comunicação sensorial somente foi possível pois eu a conheço de longa data. Posso até concordar com você; porém, um comunicador assertivo conhece muito bem as outras pessoas, principalmente seus clientes. Quem se comunica de forma assertiva está atento e sabe exatamente o que as pessoas querem e precisam.

Como posso utilizar a comunicação sensorial a meu favor?

Primeiramente entenda os cinco sentidos

A visão, audição, tato, olfato e paladar eleva-nos a condição de ser único na natureza. No mundo, diversos animais tem um desses sentidos mais aguçado que outro. Por exemplo, os cães têm habilidades superiores quando o assunto é olfato. Já as águias destacam-se com o poder de sua visão. E, então, somente o ser humano pode privilegiar-se de usar esta vasta combinação de sentidos.

Costumo dizer que a utilização dos 5 sentidos é uma forma de fazer a conexão do mundo externo com o nosso mundo interno. Tudo o que cheiramos, tocamos, vemos, ouvimos e experimentamos impacta diretamente nosso Sistema Nervoso Central. E o mesmo responderá voluntária ou involuntariamente ao que chega até ele através das percepções dos sentidos.

Para entender melhor, vou exemplificar um pouco do que as grandes marcas fazem para aguçar nossos sentidos. Sabe aquele supermercado cujo slogan diz e traz a sensação de ser "Lugar de gente feliz"? As músicas que eles utilizam no ambiente de compras envolvem seus clientes naquela atmosfera de bem-estar. Naturalmente você, como cliente, sente que está comprando coisas de qualidade e sendo verdadeiramente feliz naquele momento, onde o cliente pode comprar e utilizar o tempo que for necessário para realizar tal compra.

Muito interessante também são as lojas de roupas que tem um cheirinho todo particular não é mesmo? Elas são especialistas em trabalhar o marketing olfativo de forma tão envolvente que levamos, além das roupas, o odorizador de ambientes para dentro de nossas casas. Dá a nítida sensação de que aquele lugar é o paraíso, onde todas as roupas cairão bem uma vez que, antes de trocar qualquer palavra com o vendedor, o espaço já está se comunicando com seu olfato, visão e audição.

E tem também aquela rede de Salões de Beleza que, após a lavagem dos seus cabelos, o cliente recebe uma massagem rápida nas costas. Sensacional não é mesmo?

Sobre embalagens, eu poderia escrever páginas e mais páginas aqui te dando diversos exemplos de como mesmo a comunicação sensorial nos possibilita atingir nossos objetivos, sejam eles de vendas, fechamento de negócios, promoção na empresa, engajamento de equipe e até de relacionamentos pessoais.

Estamos comunicando o tempo todo, mesmo sem utilizar as palavras. A forma como nos vestimos, andamos, nosso cheiro, o que consumimos; por fim, tudo comunica algo a alguém.

80 | Comunicação assertiva

Nossa empresa ou profissão é uma extensão de nós mesmos e podemos utilizar a comunicação sensorial para fortalecer nossa imagem perante os clientes, colaboradores, gerentes e todos aqueles que nos interessam de certa forma.

Para que você possa fazer uso dessa ferramenta tão necessária, lhe faço o convite para que examine como você e/ou sua empresa tem se comunicado sensorialmente com as outras pessoas, sejam elas seus fornecedores, clientes, colaboradores; enfim, todos os seres humanos que fazem parte do seu universo.

Reuni algumas questões para que você possa, através de uma autoanálise, entender como está sendo feita a comunicação/percepção da sua empresa e de você mesmo aos demais que os cerca.

Irei tomar como exemplo a sua comunicação sensorial assertiva para conquistar o seu cliente ideal. Então, responda com toda a sinceridade e analise seus pontos para melhoria.

1. Descreva e analise como é a experiência do cliente quando ele liga para você e/ou sua empresa? O que ele ouve?

_____

_____

_____

2. Sua equipe e/ou você vestem-se de forma como todas as outras pessoas do mercado? Ou vocês têm algo diferente na apresentação pessoal? O que ele vê?

_____

_____

_____

3. Suas fotos e a sua divulgação *online* (site e redes sociais) são alinhadas com o que cliente encontra no local físico? As expectativas são atendidas?

_____

_____

_____

4. Seu cliente geralmente elogia você e/ou sua equipe? Por qual motivo? O que ele vê, sente, ouve, experimenta e toca?

_____

_____

5. Você serve algo para seu cliente presencial além de café e água? Qual o sabor é transmitido?

_____

_____

6. Você e/ou sua empresa investe em marketing olfativo? Seu cliente reconhece?

_____

_____

7. E suas embalagens são comuns ou diferenciadas? O que mais ele pode tocar?

_____

_____

Posteriormente sugiro que use essas mesmas questões com pouca adaptação examinando sua comunicação sensorial com seus colaboradores, fornecedores e todos os outros que fazem parte da sua rede de negócios e relacionamento.

Espero que realmente essas informações ajudem-lhe a usar a comunicação sensorial a seu favor. E que você possa descobrir maneiras assertivas e inteligentes de comunicar-se através dos sentidos. Lembre-se que nem só de palavras vive uma comunicação.

10

COMUNICAÇÃO AFETIVA

Este capítulo, de forma prática e eficaz, despertará em você uma nova maneira de enxergar a si mesmo e ao outro. O autocuidado, acolhimento, empatia, compaixão, gentileza, através de uma comunicação mais afetiva, te ajudará a criar uma cultura de relacionamentos mais positivos, saudáveis e assertivos.

CAMILA BENATTI

Camila Benatti

Especialista comportamental e emocional, *master coach* certificada pelo International Association of Coaching e European Mentoring & Coaching Council. MBA em Gestão Empresarial & *Coaching*, graduada em Pedagogia com especialização em Docência do Ensino Superior e Psicopedagogia Clínica e Educacional. Apoia, treina e desenvolve pessoas para alta performance profissional, com foco em carreira, liderança e comunicação. É coautora do livro: *Coaching - mude o seu mindset para o sucesso* e coordenadora editorial desta obra.

Contatos
www.camilabenatti.com
camilabenatticoach@gmail.com
Facebook: www.facebook.com/coachcamilabenatti
Instagram: @camila_benatti
Telegram: t.me/CamilaBenatti
LinkedIn: www.linkedin.com/in/camilabenattilopes
YouTube: www.youtube.com/CamilaBenatti

A comunicação afetiva, em especial, nasce da sua vontade e disposição em tornar-se especialista em si mesmo, a cultivar e apreciar mudanças internas, promover comportamentos assertivos e a criar uma cultura de relacionamentos positivos com diferentes perfis de pessoas, em diversos contextos.

Gosto do termo "afetividade"; ele remete às boas relações, àquelas na qual ficamos felizes ao lembrar. É uma palavra que acolhe, demonstra cuidado e preocupação com o outro, mas não quero limitá-la ao empirismo.

A comunicação afetiva, tem como base reflexões e práticas oferecidas pelas estratégias e perspectivas da comunicação não violenta (CNV) preconizada por Marshall Rosenberg e pelos elementos da Comunicação Assertiva, assim como através da linguística que nos traz o sentido e origem das palavras *"comunicação e afetiva"*, também sobre a concepção da Inteligência Emocional e dos estudos de Henri Wallon sobre afetividade.

A comunicação não violenta, de Marshall Rosenberg, que já foi abordada aqui por outros autores, oferece-nos subsídios para ajudar a perceber além da superfície e descobrir o que de fato é vital para nós e como todas as nossas ações são baseadas em necessidades humanas, as quais estamos sempre buscando satisfazer.

Para compreender melhor, te convido a imaginar um *Iceberg* (um gigantesco pedaço de gelo que flutua sem direção em águas geladas). O que você consegue ver é a ponta dele que emerge à superfície e, segundo estudiosos de Física, isso equivale à somente 10%; já os 90% do seu volume estão abaixo da superfície do mar.

Camila Benatti | 85

De maneira *metafórica*, como representado na imagem, podemos compreender que a ponta do *Iceberg* que você enxerga consiste nas ações e palavras expressas por alguém; o que você não consegue ver à primeira vista, estas seriam os *pensamentos, sentimentos, crenças e necessidades* e, somente se você estiver disposto a "mergulhar", aberto a entender o que está submerso, é muito maior, mais profundo. Estes são os recursos que irão possibilitar a você conectar-se efetivamente com o outro; a desenvolver relacionamentos profissionais ou pessoais baseados em respeito, empatia e afetividade mútua.

Já a linguística revela-nos a origem da palavra em seu sentido etimológico. As palavras **comunicação** e **afetiva** nasceram do latim. Comunicação vem de *communicatio, que significa "ato de repartir, partilhar, distribuir"; de communis "público geral, repartir deveres em conjuntos", relacionada a munus ("tarefa, dever, ofício")*. A palavra *Afeto - afecto é o "estado psíquico ou moral, afeição, disposição de alma, sentimento, vontade e de ternura por uma pessoa ou animal"*.

Entender etimologicamente as palavras proporciona-me reflexões sobre o impacto que cada uma exerce em nosso comportamento, pois, se comunicação é sinônimo de partilhar, a *palavra afetiva possibilita a criação de estratégias para que a tarefa de compartilhar algo chegue ao outro com disposição, vontade e ternura.*

A palavra *afetiva* também nos ajuda a correlacionar com as dimensões da inteligência emocional, já narradas nesta obra, e que nos conduz a aprender e a desenvolver constantemente *a autoconsciência, o controle emocional, a consciência social, a gestão de relacionamentos e a autoconfiança.*

No âmbito da Psicologia, um dos estudiosos que destaca a importância do afeto é Henri Wallon. Segundo ele, é a partir da afetividade que as pessoas criam laços entre si. E afirma que a evolução não se restringe somente ao intelecto, mas também à forma como ele se relaciona. É nesse caminho que ressaltamos a importância da afetividade como forma de potencializar a *performance* individual e aprimorar as relações pessoais ou profissionais.

E para aproveitar e começar a praticar com excelência as estratégias propostas e a criar uma cultura de relacionamentos positivos, novamente te convido a mergulhar e a enxergar a parte submersa do iceberg, mas agora não somente a do outro, mas também a sua! Vamos lá?

Seja um especialista em si mesmo

Tornar-se um comunicador afetivo é modificar a forma como você percebe a si mesmo para conectar-se com o outro. Primeiro conecte-se consigo mesmo. Muitas vezes procuramos "do lado de fora" algo que só iremos encontrar dentro de nós mesmos e, nesse sentido, acabamos culpabilizando o outro por algo que não deu certo.

Comece a exercer diariamente o seu autoconhecimento. Providencie um caderno (quando vamos à escola, levamos um para organizarmos o aprendizado, certo? Aqui você está aprendendo sobre si mesmo e não há nada mais importante que isso!) e anote tudo o que descobrir sobre você, por exemplo:

Situação: descreva o que aconteceu.

Comunicação: o que e como você falou ou ouviu?

Emoção: o que você sentiu? Descreva suas sensações no momento.

Necessidade: o que você precisava foi atendido ou não?

Aprendizado: o que você aprendeu sobre si mesmo? O que faria diferente em uma mesma situação? Nesse item, é importante que você reflita sobre a sua forma de comunicar, o que precisa ser melhorado e como fará isso.

O diálogo interno faz-nos entender e confrontar as próprias dores; a identificar as crenças que nos limitam, assim como reconhecer às que nos fortalecem; refletir sobre os nossos valores e o quanto eles são significativos e influenciam nas tomadas de decisões; a perceber os gatilhos mentais que desencadeiam certas emoções e geram determinados comportamentos.

O autoconhecimento ajuda-nos a não só aprender sobre si mesmo, mas a respeitar o outro em relação às suas dores, sentimentos e necessidades, gerando comportamentos afetivos, assertivos e, consequentemente, relações mais saudáveis.

Há tanto a aprender! Por isso, comece agora! Torne-se um especialista em si mesmo. Desperte o que há de melhor em você. A autoconfiança é construída quando em seu diálogo interior você começa a fazer as perguntas certas que te conectam conscientemente com bons pensamentos e sentimentos.

Como criar uma cultura de relacionamentos positivos

Quando falamos de cultura, estamos referindo-nos às crenças, costumes, conhecimentos adquiridos através do convívio social em ambientes específicos e expressos através de pensamentos, atitudes, sentimentos. Quando nos inserimos em novos grupos, de amigos, familiares e até mesmo na empresa em que trabalhamos, por osmose, começamos a agir, a comunicar-nos e até a pensar como a maioria das pessoas inseridas naquele determinado grupo.

Visto que cultura é algo natural, inerente ao ser humano e criada para atender a algumas necessidades, convido você a criar uma cultura de relacionamentos positivos, adotando os pilares da comunicação afetiva como estratégia:

1. Conectar-se consigo
2. Conectar-se com o outro
3. Confidencialidade
4. Ser presente
5. Ser intencional

Conectar-se consigo

Referente a esse pilar, já abordamos aqui a importância do autoconhecimento. Saber sobre si, ter clareza das suas reais necessidades e definir prioridades te ajudarão a encontrar a forma certa para comunicar ao outro o que você precisa.

Como emissor, é importante planejar, compreender o objetivo da mensagem, entender o que você verdadeiramente pretende receber após ela. Isso fará você refletir e preparar-se para enfrentar diversas reações do receptor e manter o foco na mensagem principal.

É comum quando não sabemos lidar com emoções negativas desviarmos do objetivo central, por exemplo: você reconhece que tem medo de perder o controle, de ser rejeitado, de receber uma resposta agressiva ou uma negativa. O autoconhecimento o ajuda a desenvolver a inteligência emocional e a traçar estratégias para criar alternativas antes do diálogo acontecer.

No papel de receptor, é importante oferecer somente o que tem e saber identificar seus recursos internos (CHA: conhecimentos, habilidades e atitudes). Isso auxilia a estabelecer limites e a gerar mais segurança e assertividade.

Conectar-se com o outro

Compreenda com quem você está se comunicando, o que o receptor sabe ou precisa saber sobre determinada informação, qual preferência em

88 | Comunicação assertiva

relação à comunicação. Há pessoas que desejam brevidade, uns necessitam de mais detalhes, outros de interação. Busque saber se ele possui os recursos que irão atender ao que você precisa (CHA); se há disponibilidade; quais são as necessidades do outro, como ele se sente. Procure por *feedback* sobre como a sua mensagem foi recebida.

Escolha o melhor canal de comunicação que permita essa conexão, levando em consideração a sensibilidade do conteúdo, a facilidade de comunicar detalhes, a preferência do receptor, restrições de tempo. Prepare-se e antecipe as respostas. Assim, se for alguma negativa, você já terá traçado um plano B, minimizando os impactos e gerenciando com assertividade o processo de comunicação.

Confidencialidade

Você só abre o seu coração para quem você confia! Toda relação que envolve a comunicação afetiva tem como pilar a confiança. Para fluir, é preciso estar aberto para ouvir e entender que as pessoas são diferentes, possuem valores, crenças, conhecimentos, experiências e formas de aprender diferentes umas das outras. Se alguém te escolheu para compartilhar sentimentos, vivências ou percepções, sinta-se privilegiado e honre essa relação.

Ser presente

A comunicação não se concentra somente nas palavras que são ditas pelo emissor, mas na forma como o outro recebe a mensagem. Praticamente todos os outros autores desta obra destacaram a importância da escuta ativa para o sucesso de uma comunicação assertiva e eficaz. Na comunicação afetiva, ela é o fio invisível que conecta você a outra pessoa.

Para escutar com o coração, é preciso serenar seus pensamentos. Permita que a pessoa fale e não fique pensando no que vai dizer em seguida. Olhe em seus olhos e observe a sua linguagem corporal; seu corpo e alma devem-se fazer presentes. Escutar e respeitar o pensamento do outro ajuda na identificação de emoções, necessidades e, portanto, estratégias de soluções.

Intencionalidade

Falar com intenção é ter clareza do objetivo da sua mensagem e na forma como ela será recebida. Para manter o foco: treine a atenção plena, esteja atento à sua linguagem e a do outro, livre-se das distrações durante todo o processo de comunicação, utilize os princípios da comunicação assertiva:

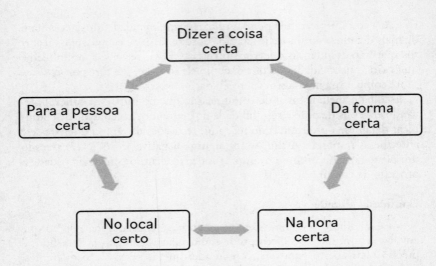

Falar para fazer julgamentos, para apontar um problema, para comparar negativamente são atitudes sem clareza de objetivo, sem cuidado ao outro, sem afeto ou empatia. Na comunicação afetiva, a intenção é sempre demonstrar que você se importa com o outro; é extrair o melhor de si e do próximo com foco em compreender e não necessariamente concordar, mas proporcionar ou buscar por soluções criativas.

> *Quando escutamos os sentimentos e necessidades da outra pessoa, reconhecemos nossa humanidade em comum.*
> Rosenberg

Benefícios em desenvolver uma comunicação mais afetiva

- Autorresponsabilidade: assume a responsabilidade por suas ações e adota uma postura proativa.
- Autoliderança: antes de liderar, você precisa conectar-se consigo antes de conectar-se com o outro.
- Inteligência emocional: você exerce o autoconhecimento e permite-se conhecer e compreender o outro.
- Empatia: ouve atentamente o outro para compreender o que ele sabe ou precisa saber, o que sente e ou necessita.
- Aprendizado contínuo: rever, repensar e reestruturar suas experiências e interpretação dos fatos.

- Desenvolve pensamento estratégico com foco em encontrar soluções e sair da inércia.
- Gerenciar conflitos: encontrar soluções que são mutuamente satisfatórias.
- Exercitar a CNV: autoempatia - escuta empática e autenticidade.
- Relacionamentos mais saudáveis, afetivos, assertivos e ativos.

Contudo, a comunicação afetiva é mais que uma estratégia de comunicação. Quando você passa a compreender a si mesmo como um ser humano, você entende que há necessidades que não podem ser negligenciadas, assim como quando nos dispomos a perceber que o outro também possui necessidades e que é preciso encontrar o equilíbrio nessa relação para que todos sintam-se confortáveis diante de uma situação.

A comunicação afetiva não se restringe às relações profissionais ou pessoais; ela é para todos! Ela humaniza, promove o autocuidado e o cuidado com o outro. Ela acolhe, é gentil, é afetiva, é assertiva.

Referências

ROSENBERG, M. *Comunicação não violenta: técnicas para aprimorar relacionamentos pessoais e profissionais*. São Paulo: Ágora, 2003.

WALLON, H. *Psicologia*. São Paulo: Ática, 1986.

11

MULHERES NO PODER — DESENVOLVA SUA COMUNICAÇÃO FEMININA E TORNE-SE MARCANTE

Neste capítulo, você vai aprender como a mulher pode aliar o íntimo ao físico para explorar as diversas formas de ser feminina através do autoconhecimento e do comportamento para ser capaz de impactar as pessoas a sua volta e, assim, melhorar a relação consigo mesma com o objetivo de ter um bom relacionamento pessoal e profissional.

SARA TRUCOLO

Sara Trucolo

Life Coach certificada pela Sociedade Latino Americana de Coaching (SLAC). Capacitada em Saúde e Educação Sexual (ABRASEX). Temática do Corpo, Gênero e Sexualidade (UNIFESP). Relacionamento Interpessoal e de Casais (CEA). Analista DISC certificada pela Sociedade Latino Americana de Coaching (SLAC). Já participou como Coautora do livro *Quais de mim você procura? Mulheres na Educação*. Atua como Palestrante Motivacional e de Empoderamento Feminino. É Especialista em Sensualidade e idealizadora, fundadora, criadora e produtora digital do curso online sobre *Desenvolvimento, Transformação e Arte da Sedução para Mulheres*.

Contatos
www.saratrucolo.com.br
contato@saratrucolo.com.br
Instagram: @saratrucolooficial
Fanpage: www.facebook.com/saratrucolooficial

Há mulheres extremamente impactantes e que, sem perceber, fazem-se notáveis em todos os lugares que passam. E não é apenas pelo *look* diferenciado, maquiagem bem feita ou até mesmo pelo perfume que ela esteja usando. Inclusive, pode ser que ela nem seja tão bela (diante do padrão de beleza estabelecido por quem vê). Contudo, essa mulher possui algo que transmite poder e que deixa as pessoas encantadas.

Mas, afinal, Sara, o que faz essa mulher destacar-se das demais? De que maneira ela é capaz de tornar-se marcante? Bem, estas questões estão relacionadas aos seguintes aspectos: postura, forma de pensar, autoestima, autoconfiança, atitude, opinião, campo vibracional positivo; enfim, a autenticidade firme que esta mulher assume, fazendo prevalecer a autoridade de si mesma diante das pessoas que a cercam.

E falando de forma direta, quero começar dizendo a você, cara leitora, que se firmeza não for o seu forte, sugiro que deixe o mimimi de lado e reveja seus conceitos sobre esse assunto. Saiba que dar a devida importância ao desenvolvimento diário de seus comportamentos, dentre eles a postura, será um dos grandes fatores para você, mulher, alcançar o espaço merecido que tanto almeja.

Veja, é importante entender que, quando você se posiciona e, em conjunto, acredita na sua capacidade, você intenciona uma força incalculável. Perceba que não ter autoconfiança e acreditar que é incapaz de fazer algo não te faz evoluir; pelo contrário, só te faz regredir. Tenho certeza de que não é essa mulher que você deseja ser, certo? Por isso, recomendo fortemente que acredite em si mesma independentemente do que aconteça.

Entenda que essa será a melhor decisão a ser tomada para transforma-se em uma mulher incrível e assim trilhar um caminho espetacular. Saiba que todas nós somos boas em algo, nascemos com um dom. Basta perguntar-se para identificar sua verdadeira paixão; algo que te dê prazer, que seus olhos brilhem só de pensar. A partir daí é só confiar em você, na sua intuição e ser independente para conduzir seu destino, pois só você sabe o que é melhor pra si mesma.

Sara Trucolo | 95

Aprenda a se valorizar

Há muitos anos, nós mulheres somos conhecidas como multitarefa, com a capacidade única de fazermos várias coisas ao mesmo tempo e assumirmos vários papéis. Só que, por meio dessa habilidade incrível, acabamos, em alguns momentos, nos deixando no meio do caminho para dar prioridade às pessoas que mais amamos: filhos, marido, mãe, pai, irmã(o), amiga(o); enfim, seja lá quem, para você, tenha uma importância significativa na sua vida. O fato é que a devida atenção é oferecida a essas pessoas queridas e você, mulher, acaba muitas vezes deixando-se em segundo plano, não se colocando como prioridade.

Paraaaaaaaa tudo, mulherada!!! Bora virar o jogo e se dar a atenção merecida!

Entenda que, se você não amar a si mesma e não se dar a atenção e o cuidado necessários (aquele momento que é só seu para fazer o que bem entender), como você terá capacidade de amar outra pessoa? Saiba que amor próprio é a base de tudo e, para tanto, saber impor seus limites por meio da autovalorização é prioridade (não somente entre as pessoas que ama, mas entre todas as pessoas a sua volta, principalmente no ambiente profissional, local onde você irá passar a maior parte do seu tempo). Por isso, para ser tratada da forma como merece, com respeito, é preciso posicionar-se!

Costumo dizer que existe uma palavrinha mágica de três letras, chamada "**não**", capaz de evitar que as coisas que não queremos que aconteça de fato não aconteçam. Pois é, pode parecer óbvio, mas como já dito aqui, o óbvio precisa ser dito. Então, vamos lá que te explico tim tim por tim tim.

Isso acontece, na maioria das vezes, por um sentimento de desconforto, insegurança, medo ou até mesmo a falta de desenvolvimento de competências emocionais, fazendo com que muitas pessoas, em especial mulheres, sintam dificuldade de negar algo que o outro possa discordar. É preciso entender que o "**não**" foi feito para ser usado. Por isso fazer bom uso dessa palavra, que nos possibilita ter posicionamento sobre diversas situações e assuntos em nossa vida, será um divisor de águas para você saber dosar o momento certo de ser a conhecida mulher boazinha (aquela que fala sim pra tudo e, com isso, acaba prejudicando-se, na maioria das vezes, ao submeter-se a aceitar toda situação colocada por outra pessoa). Fique ligadinha e cuidado para, independentemente de quem seja, não permitir que lhe imponham o que fazer.

Claro que existem diversas outras formas para deixar evidente seu valor e posicionamento, como o simples fato de você andar de cabeça erguida, sua postura corporal, o modo como gesticula, a entonação de voz nos momentos necessários ou, até mesmo, uma vestimenta adequada ao ambiente que for frequentar, já que a sua imagem pessoal será o cartão postal por onde você passar.

Portanto, independentemente da postura utilizada no momento (seja essa física ou verbal), ser objetiva e assertiva na mensagem que você deseja transmitir ao outro é fundamental. Assim, seu poder de autovalorização será extremamente presente, não permitindo que te tratem de qualquer jeito ou te façam de boba.

Eleve sua autoestima

Para ter um bom relacionamento pessoal e profissional, é muito importante, primeiramente, ter um bom relacionamento consigo mesma. Se você não se conhece e não dispõe do cuidado devidamente necessário, estará a um passo de, a qualquer momento, ter sua autoestima comprometida. Isso porque, na medida em que você não dá a devida atenção a si mesma, dia após dia, seja por meio do autoconhecimento ou do comportamento (para colocá-los em prática), você acaba deixando-se de lado. Isso permite que sensações, sentimentos, pensamentos e posturas indesejadas venham à tona para minar seu estado mental e, consequentemente, físico.

Para ficar mais claro, vou citar alguns exemplos que podem ocorrer (ou, talvez, já estejam ocorrendo) em seu cotidiano, culminando sua estima. São eles:

- diminuir-se, ao pensar que a outra pessoa é superior ou melhor que você;
- comparar-se, ao pensar que a vida da outra pessoa é melhor do que a sua;
- vitimizar-se, ao pensar que é uma coitada e que todos devem ter pena de você;
- sentir-se rejeitada ao pensar que você não se aceita por algum motivo criado em sua mente.

Observe que esses pensamentos e ações negativas, citados acima, levam você ao esgotamento, além de fazer com que sua autoestima fique lá embaixo. Então, se você se identificou com algo mencionado acima, é hora de rever seus conceitos e partir para mudança, mulher! E quer saber como? Bem, para obter uma autoestima inabalável, é preciso entender que trata-se de um processo e deve ser trabalhado diariamente dentro de si.

Veja, não é apenas o ponto citado acima (onde falo sobre a questão de estimular a positividade, eliminando palavras e atitudes negativas em seu cotidiano) que vai fazer você sentir-se a Mulher Maravilha. Existem vários outros aspectos que formam um conjunto para transformar sua autoestima e deixá-la nas alturas. Esses aspectos são os seguintes:

- cuidar de sua saúde física e mental (caminhada, dança, meditação, estudo, boa alimentação, leitura agradável, postura adequada);

- alimentar e nutrir sua mente com informações e conteúdos relevantes, que contribuam positivamente para você;
- dedicar um tempo para você fazer aquilo que mais gosta;
- conhecer suas qualidades e atributos; aquilo que você tem de melhor;
- ser seletiva em suas companhias. Afinal, você é a média das pessoas que a cercam;
- inspirar-se em pessoas que você admira e são exemplos de força e superação;
- dar um presente/mimo para si mesma, pelo menos uma vez por mês. Afinal, você merece isso e muito mais por ter realizado diversas atividades e trabalhos com excelência;
- ter gratidão por tudo que você é capaz de fazer;
- fazer, todos os dias, elogios para pessoa mais importante do mundo: você!

Existem, também, alguns exercícios excelentes para você, mulher, colocar seu potencial feminino em prática e, assim, melhorar ainda mais sua autoestima:
- pegue papel e caneta e escreva 20 qualidades (pelo menos) que você tenha como ser humano – todas nós temos atributos, então, mãos na massa para descobrir quais são os seus. Após anotar, leia durante 21 dias e todas as vezes que você sentir-se para baixo;
- esteja sozinha em frente ao espelho (este deve mostrar seu corpo inteiro, da cabeça aos pés) e fique nua, usando apenas um sapato de salto alto; afinal, essa peça poderosa simboliza poder. O objetivo aqui é você analisar, sem críticas, todas as partes de seu corpo para descobrir o que mais lhe agrada: cabelo, orelha, olhos, boca, nuca, busto, seio, barriga, bumbum, pernas, pés e assim por diante. Bem, a partir de então, agora que você criou consciência do seu potencial e passou a conhecer todos os atributos de seu corpo físico, comece a destacá-los através de ferramentas disponíveis para o universo feminino como, por exemplo: maquiagem, joias/semijoias, roupas, acessórios, lingeries e sapatos femininos (em especial de salto alto). Entenda que nosso estado emocional sofre uma enorme influência em relação a como se encontra nosso estado físico.

Contudo, ao colocar em prática todas as atividades e exercícios recomendados acima, você estará fortalecida para encarar, com equilíbrio emocional e clareza, tudo que estiver por vir, pois, se você transborda autovalor, confiança e amor por si mesma e no que faz, sem dúvida, nada e nem ninguém irá derrubar essa mulher cheia de brilho, capaz de enaltecer o caminho de quem cruzar sua trajetória.

Seja impactante

Um ponto muito importante a ser mencionado aqui é sobre seu jeito único de ser. Aquele apresentado com naturalidade, sendo quem você realmente é. Aliás, você já parou por alguns instantes para analisar como e quem é você? Veja, de nada adianta colocar em prática o que foi dito até o momento no decorrer deste capítulo se você não estiver firme e verdadeira diante do que acredita a respeito de si.

Observo muitas mulheres não sendo fiéis a quem elas são simplesmente por estarem na busca incessante de serem alguém que nem elas mesmas sabem ou desejam ser. E isso acontece com a grande maioria por não se conhecerem em todas as esferas (refiro-me tanto ao íntimo quanto ao externo), por não se aceitarem ou, ainda, por decidirem seguir um padrão que não condiz com o perfil delas. O ponto em questão aqui é a tentativa de mostrar uma pessoa que não existe simplesmente para ser aprovada pelo outro ou pela própria sociedade.

Olha, sinceramente falando, o que realmente você precisa é ser aprovada por si mesma para refletir o poder incessante presente na sua alma, que transcenderá para seu exterior. Isso fará com que, de forma exclusiva, você deixe sua marca por onde passar.

Veja, é preciso ser protagonista da história de sua própria vida e estar no comando para ter controle absoluto, pronta para o que der e vier. Ser um exemplo de mulher íntegra e guerreira, aquela que é destemida, faz o que deve ser feito sem procrastinação. Aquela mulher decidida, que sabe o que quer, com imensa independência, dona de seu próprio nariz, capaz de virar-se das mais diferentes formas. Aquela que admira a outra mulher a ponto de verbalizar a beleza alheia, que carrega em seu peito a sororidade, estando longe de qualquer tipo de rivalidade feminina.

São essas e tantas outras características que fazem você buscar a cada dia ser a melhor versão de si mesma. Isso sim é a representação de uma mulher poderosa, que permitirá a você destacar-se com autoridade para fazer a diferença na sua própria vida e ser marcante na vida do outro.

12

COMUNICAÇÃO EM LIDERANÇA

As empresas que não focam comunicação em liderança perdem sua cultura, produtividade e engajamento da equipe. Peter Drucker afirma que "Setenta por cento de todos os problemas administrativos resultam da ineficácia da comunicação". Resultados extraordinários são alcançados quando o líder trabalha liderança e comunicação como sinônimos.

CIDÁLIA IDALETE ALVES

Cidália Idalete Alves

Consultora em gestão empresarial, Palestrante, Treinadora de gestores e equipes. Formada em *Business and Executive Coach, Professional and Self Coach, Leader Coach e Team Coach* (Instituto Brasileiro de Coaching). *Coach Trainer* (Center for Advanced Coaching). *Head Trainer* (Instituto de Formação de Treinadores). Graduada em Engenharia Química (Faculdade Oswaldo Cruz). Pós-graduada em Administração de *Marketing* (Fundação Armando Álvares Penteado). MBA em Gestão Empresarial (Fundação Getulio Vargas) e Gestão de Finanças (Fundação Instituto de Administração). Mais de 30 anos de experiência no segmento de gestão comercial e administrativa em empresas nacionais e multinacionais. Especialista em planejamento estratégico, plano de negócios, treinamentos e desenvolvimento de liderança de gestores e equipes para otimização de resultados nas organizações.

Contatos
cidalia.idalete@gmail.com
LinkedIn: www.linkedin.com/in/cidaliaidalete
Instagram: @cidalia.idalete_consultoria
11 98105-4241

*Um líder é alguém que sabe o que quer alcançar
e consegue comunicá-lo.*
Margaret Thatcher

Liderança é um dos assuntos mais abordados com relação à gestão de pessoas e resultados empresariais. Muitas empresas ainda trabalharam com o profissional "chefe", aquele que possui o perfil de somente ouvir os seus superiores (acionistas), ignorando sua equipe e seus pares. A gestão do chefe desencadeia uma sequência de conflitos, grande rotatividade de funcionários, reclamatórias trabalhistas e uma gestão ineficaz. As empresas que trabalham com o modelo chefe estão estagnadas, perdendo *market share* e até fadadas à falência.

Alguns anos atrás, o líder era aquele que planejava e controlava resultados com prazos estabelecidos. A comunicação com seus liderados era um trabalho *backoffice* de envio e recebimento de memorandos, ou através de um mural com as anotações mais relevantes fixadas. Com o avanço dos recursos tecnológicos, a comunicação passa a fazer parte da estratégia da liderança, sendo capaz de estabelecer metas, desenvolver ações e obter novos resultados.

O líder do século XXI passa a inspirar, motivar e desenvolver sua equipe com uma comunicação assertiva alicerçada pelos valores, visão e missão da empresa. O novo líder desenvolve, fortalece e exerce sua inteligência emocional (habilidade de lidar com suas emoções, sentimentos, pressões por resultados e os diferentes perfis comportamentais da equipe), relacionamento interpessoal (habilidade de construir bons relacionamentos com sua equipe e *stakeholders*), visão de futuro (habilidade de engajar a equipe para alcançar os resultados) e a comunicação assertiva (habilidade em delegar, ouvir e dar *feedbacks*, identificar as diferenças e limitações e desenvolver as competências de cada um dos seus colaboradores para alinhar sua equipe com os valores e objetivos da empresa).

Elaborar um planejamento estratégico com foco nos objetivos e valores da empresa, negociar fortes alianças com fornecedores e clientes, efetuar contratação de pessoas com base em competências são algumas ações que visam crescimento nos negócios. Porém, a estratégia principal para obterem-se resultados extraordinários em uma gestão empresarial será desenvolver líderes e sua habilidade em comunicação.

Estamos vivenciando uma eclosão no cenário empresarial. As empresas estão conscientizando-se que precisam humanizar-se e que seu principal ativo são as pessoas. O líder será o diferencial nessa humanização e a comunicação sua força estratégica.

O novo líder é aquele que trabalha liderança e comunicação como sinônimos, uma vez que ambas impactam diretamente nos resultados uma da outra e são essenciais à humanização das empresas.

Liderança e comunicação passam a ser duas competências-chave que devem sempre caminhar lado a lado. O grande problema é que muitos gestores ainda subestimam a necessidade de desenvolver e aprimorar continuamente sua liderança, principalmente a sua habilidade em comunicação.

Convido vocês para abordarmos a comunicação e liderança como sinônimos no ambiente coorporativo através de um estudo de caso da série *La casa de papel*. O personagem principal chama-se Sérgio Marquina. Durante sua infância ele ouviu utópicas histórias do seu pai sobre assaltos a bancos. Um dia ele descobre que o pai foi morto praticando um assalto.

Sérgio torna-se adulto com um objetivo em seus pensamentos: realizar o sonho que seu pai desejou durante toda a sua vida, o de fabricar seu próprio dinheiro. A partir desse objetivo, Sérgio elabora detalhadamente um plano estratégico e passa a ser o líder dos ladrões que invadirão a Casa da Moeda da Espanha.

Faz parte da estratégia do Sérgio Marquina que cada participante desse assalto tenha um apelido. Então, ele passa a ser conhecido como o "Professor". O Professor estuda as habilidades e fraquezas dos candidatos à sua equipe com as necessidades que cada função precisa para que o plano de assalto à Casa da Moeda seja executado com êxito.

Sua equipe precisa de um estrategista (responsável para planejar com detalhes como será o assalto), um encarregado (para liderar as ações planejadas pelo estrategista), alguém calmo e paciente (para conversar com os reféns em momento de crises), um especialista em explosivos (para abrir o cofre), um *expert* em informática (para descobrir todos os sistemas de segurança do banco), dois ou mais profissionais com habilidades em armas de fogo (para proteger todos da equipe e os reféns).

Cada ladrão da equipe é especialista em uma função e a participação de cada um deles no plano tem um papel determinante para que o assalto

104 | Comunicação assertiva

transcorra como planejado e seja bem-sucedido. Ao montar uma equipe multidisciplinar, o Professor traçou sua maior estratégia.

Nas empresas vivenciamos o mesmo cenário. O líder inicia seu trabalho de liderança e comunicação como sinônimos ao montar uma equipe multidisciplinar. O sucesso ou fracasso dessa equipe estará na habilidade de comunicação do líder para que cada membro complemente-se, fortalecendo o foco de todos nos objetivos traçados.

Uma equipe multidisciplinar é composta por 4 principais grupos comportamentais: ação (são pessoas com foco em resultados, objetivas e determinadas, capazes de superar desafios e buscar soluções rápidas), comunicação (são as pessoas com uma grande habilidade de aglutinar seus amigos de trabalho, de gerar tranquilidade em momentos de crise, de transmitir harmonia e pacificar os ambientes da empresa), idealização (são as pessoas criativas, visionárias, capazes de promover mudanças significativas nos resultados da empresa) e organização (são as pessoas organizadas, consideradas metódicas. Esse comportamento também se destaca pela sua visão estratégica, o que lhe permite traçar planos complexos ou simples, assim como colocá-los em prática com mais efetividade).

Encontrar os candidatos ideais não é o suficiente para montar-se uma equipe extraordinária. O Professor estudou o perfil da equipe, ficou atento em como cada um pensava e agia diante de momentos bons, ruins, desafios, revezes, armadilhas e outros fatores que pudessem determinar o fracasso do assalto. Ele precisava manter sua equipe forte, unida e focada em seu objetivo.

O Professor soube trabalhar o psicológico e o emocional da sua equipe desenvolvendo uma comunicação com base na leitura das gerações a que cada um pertencia.

O Rio nasceu em um ambiente totalmente digital. A geração Z (*centennials*) é mais crítica, exigente, autodidata e respeita a diversidade. Possui dificuldade em relacionamentos interpessoais, preocupa-se em demonstrar seus pontos fracos e não gosta de seguir hierarquias.

A geração Y (*millennials*) busca a posição da liderança no trabalho, nascendo o "EU" em primeiro lugar. É visionária, idealista e responde ao seu próprio comando. O principal diferencial dessa geração é o seu elevado grau de inovação. Tóquio, Nairóbi e Denver são da geração Y; eles só aceitam a liderança do Professor por acreditarem no seu propósito.

Berlim, Oslo e Helsinque são da geração X. Eles são individualistas onde a filosofia de vida era trabalhar e produzir (*workaholic*). A geração X é caracterizada pelo desejo da estabilidade tanto mental quanto profissional. Para eles a melhor forma de chegar ao sucesso é o aprendizado, sendo uma geração mais empreendedora e proativa.

Cidália Idalete Alves | 105

Moscou é da geração *baby-boomers*. Ele possui um só propósito que é romper a proteção do cofre e auxiliar na escavação do túnel até o Professor. É o profissional movido por resultados, que não se preocupa com a qualidade de vida.

Quando temos um grupo de pessoas com convivência diária (família, amigos, trabalho), observamos que as diferenças destacam-se na relação de cada ser humano com o mundo exterior. A compreensão da vida está vinculada à essência interior do ser humano, que sempre muda de uma pessoa para outra. Reunir uma equipe multidisciplinar, entendendo como cada geração pensa, age e o que eles buscam para seu futuro pessoal e profissional são as vantagens competitivas do novo líder na transformação das organizações.

Durante 5 meses o Professor ficou isolado com sua equipe em um casarão antigo em Toledo. Durante esse período, ele apresentou o objetivo (propósito), a estratégia e o plano de ação para eles efetuarem o assalto à Casa da Moeda.

O Professor planejou o assalto com um propósito muito bem definido, que não se resumia apenas ao dinheiro. Ele também queria transmitir uma mensagem para sua equipe e para todas as pessoas da Espanha (que elas não devem ser manipuladas e nem aceitar viver como reféns de um sistema bancário e do governo). O Professor não planejava roubar o dinheiro de nenhum cidadão Espanhol e sim imprimir o seu próprio dinheiro, sendo essa a sua mensagem para aqueles que centralizavam o poder (governantes) e o dinheiro (bancos).

O Professor era um homem inteligente, estratégico, gentil, educado e muito tímido. Sua timidez dificultava os seus relacionamentos interpessoais. O relacionamento interpessoal é a ferramenta mestra para manter a harmonia dentro de um ambiente, seja ele uma empresa, círculo de amigos, família e outros. Como o Professor, sendo um homem tímido com dificuldades em relacionar-se, conseguiu convencer uma equipe de ladrões a participarem de um assalto onde o objetivo estava acima da ganância pelo dinheiro? Ter um propósito muito bem definido é a largada da jornada de sucesso desse líder.

Trabalhando sua liderança e comunicação como sinônimos, o Professor transformou sua timidez em capacidade de persuasão. Como um líder inspirador, o Professor soube apresentar seu propósito de tal forma que motivou a equipe de ladrões a apaixonar-se por suas razões. Quando o líder foca sua liderança além de um objetivo e compromete-se com uma causa, ele cria uma postura de admiração junto à sua equipe, que decide fazer parte do seu propósito.

No mundo coorporativo, quando uma empresa ultrapassa o *breakeven*, ela inicia o seu crescimento; porém, essa alavancagem não é a garantia de sucesso. Para obterem-se resultados extraordinários, cada vez mais as empresas trabalham com um propósito muito bem definido e provam que ter uma razão para existir faz toda a diferença nos negócios.

Ter um propósito definido faz a conexão entre a empresa, seus colaboradores e a sociedade. Empresas que trabalham com um propósito definido buscam um impacto positivo no mundo; algo que influencie a qualidade de vida das pessoas e perdure o seu crescimento. Para integrar e engajar a equipe com o propósito da empresa, o líder trabalha sua liderança com uma comunicação assertiva, motivando e estimulando o comprometimento de todos os envolvidos.

O Professor não é um líder perfeito, infalível e inabalável. Ele é um ser humano com qualidades e defeitos; porém, ele não permite que suas fraquezas e erros desmotivem seus liderados. Quando há um contratempo, independente se foi uma falha de algum membro da equipe, do plano traçado ou até mesmo do próprio Professor, ele busca alternativas de forma incessante para resolver o ocorrido e proteger a todos. O Professor assume todos os erros cometidos, apresenta uma nova solução, ajuda seus liderados a fazerem o melhor, mantendo sua equipe unida e motivada.

A união de uma equipe é a força essencial de um líder para atingir os objetivos da empresa.

Durante toda a série, observamos a segurança que o Professor passa à sua equipe, mesmo diante de todos os contratempos. Essa confiança, da equipe em relação ao Professor, que os impedem de desistir e motivam-lhes a continuar focados no objetivo.

O líder inspira confiança quando se aproxima da sua equipe e é o mais transparente possível, desenvolve empatia, reconhece suas próprias falhas e deficiências, mantém e executa suas promessas e está aberto para receber todo tipo de crítica, sugestão e elogio. O elo mais forte da confiança de um líder é quando ele trabalha comunicação e liderança como sinônimos, compartilhando seu conhecimento e inspirando a sua equipe.

O estudo de caso da série *La casa de Papel* apresentou, de forma lúdica, o papel do novo líder no mundo coorporativo; um líder que sabe o que quer e, com isso, consegue engajar todos no mesmo propósito. Ao trabalhar comunicação e liderança como sinônimos, desenvolve um relacionamento de confiança junto à sua equipe, proporcionar-lhes crescimento, inspirando-os e motivando-os para desempenhos extraordinários.

Cidália Idalete Alves | 107

Referências

BIECH, E. *Manual de liderança da ASTD*. Rio de Janeiro: Elsevier, 2011.

BLANCHARD, Ken. *Liderança de alto nível*. Porto Alegre: Bookman, 2011.

LOBATO, E. M.; MOYA, Luís; SANTANDER, J. Gómez. *La casa de Papel*. Série Netflix, 2017, Temporada 1.

STÉFANO, Rhandy Di. *O líder-coach*. Rio de Janeiro: Qualitymark, 2012.

13

COMUNICAÇÃO DE GERAÇÃO EM GERAÇÃO

Neste capítulo, iremos compreender um pouco melhor os valores que embasaram as diferentes formas de comunicar-se ao longo do tempo e que sofrem transformações constantes, tornando essencial o conhecimento dessas diferenças quando queremos estabelecer um processo de comunicação bem limpo e assertivo.

MARIANA BALIANA

Mariana Baliana

Farmacêutica Bioquímica graduada em 2004 pela UNIVIX ES, atuante no Sistema Público de Saúde nas esferas municipal, estadual e federal e que, desde final de 2014, desafiou-se pelo caminho da Saúde Privada atuando na indústria farmacêutica. Em seu caminho, percebeu a importância de compreender seus pares, identificar suas referências e procurar sempre tocar seus valores e aspirações para tornar suas jornadas de trabalho desafiadoras e motivadoras. Em 2019, concluiu seu MBA em *Coaching* e Gestão Empresarial pela SLAC e FESPSP e decidiu desafiar-se compartilhando suas descobertas no cenário da comunicação organizacional com foco na diferença entre as diferentes gerações.

Contato
maribaliana@hotmail.com

> *[...] descobrir o que faz cada pessoa dar o melhor de si*
> *é uma das experiências mais construtivas*
> *que um gestor pode ter no meio empresarial.*
> GRUBB, 2018

Comunicar-se é um processo no qual a identificação e, principalmente, a consideração de alguns elementos, como fonte, codificador, canal, mensagem, decodificador e receptor, fazem-se essenciais. A partir dessa premissa, a emissão e a captação da mensagem são fatores fundamentais para a estruturação da fonte. Nesse capítulo, iremos entender um pouco sobre os fatores que influenciam a formação dessa fonte e, consequentemente, como devemos estruturar as diferentes ferramentas de comunicação para que as mesmas encontrem o receptor promovendo o encaixe perfeito: nasce aí o processo de comunicação propriamente dito.

Nesse mundo atual e globalizado em que vivemos, compreender as fontes de informação, aqui entendidos como indivíduos, é o segredo não só para comunicar-se, mas, sim, ter cada vez mais a certeza de ter sido da melhor maneira, seja considerando vocabulário, sejam ferramentas físicas (telefone, email, carta, bilhete, lembretes adesivos), conversas diretas, linguagem corporal etc.

Para que essa percepção se torne um pouco mais clara, trago o entendimento um pouco mais simplificado das diferentes gerações, tema este extenso, extremamente rico e cada vez mais em alta quando analisamos os aspectos antropológicos da comunicação. Como referência, a classificação do Pew Research Center, um renomado centro de pesquisas dos EUA muito respeitado por seu caráter estritamente neutro e sem qualquer partidarismo político, o que traz grande credibilidade e seriedade às suas pesquisas e publicações.

Segundo esse centro, as diferentes gerações são classificadas por intervalos de idades (ou ano de nascimento), conforme esquematizado a seguir:

Mariana Baliana | 111

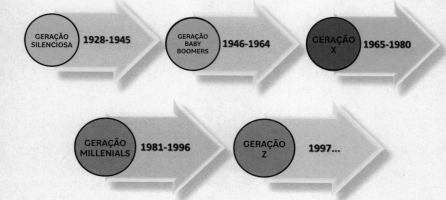

Figura 1 – Figura esquematizada conforme a definição de gerações adotada pelo Pew Research Center, 2020.

É importante ressaltar que essas faixas de tempo não são tão exatas. Logo, em diferentes centros de pesquisa, poderemos encontrar algumas variações na definição dos intervalos; porém, nada que interfira nas características mais expressivas de cada uma dessas gerações, conforme veremos adiante.

Geração Silenciosa

Marcada por profundas crises econômicas como a crise de 1929, e grandes guerras como a Segunda Guerra Mundial, momento de perdas, desilusão, de fato silenciosa pela busca de um "novo" modo de reescrever a vida. Diante de tal contexto, não é de estranhar-se que os nascidos dessa geração sejam pessoas mais introspectivas, discretas, sensíveis, mas que valorizam os laços familiares e de amizade.

Geração Baby Boomers

Caracterizada por sentimentos de reconstruir, reconquistar, otimismo, união, claramente relacionados ao fato de vivenciarem a reconstrução motivada pós-Segunda Guerra Mundial, Guerra do Vietnã, movimentos por direitos sociais, revolução sexual, assassinatos de políticos e grandes líderes. Os Baby Boomers foram assim denominados pela alta taxa de nascimentos ocorrida nessa época em decorrência do pós-guerra, onde muitas vidas foram perdidas.

Ora, não é de estranhar-se que essas pessoas tenham características mais formais; porém, gostam de equipe e esforçam-se para o melhor. Ao mesmo tempo em que vivem num contexto que sentem a necessidade de estabilidade, segurança (fato que o período que seus pais viveram de grandes guerras trazia justamente o contrário), hierarquias bem definidas e poucas mudanças é o que esperam em sua vida profissional.

Aprofundando ainda essa análise, fica claro que a opção de tecnologias dessa geração seja preferencialmente por telefone, fax e o "relacionamento" com os computadores não seja tão bem acolhido; poucos são os mais "atrevidos" que se adaptam ao email e mesmo ao uso dos recursos tecnológicos.

Geração X

Nascida durante a crise enérgica mundial, escândalos políticos, "achatamento" das empresas (famoso fenômeno de *downsizing*), o surgimento da AIDS, desastres ambientais, queda da supremacia dos Estados Unidos, "explosão" da internet e seus recursos. Não fica difícil intuir que o reflexo desses acontecimentos criou uma geração informal, cética, autoconfiante, com mais acesso e, consequente, maior e melhor adaptação aos recursos tecnológicos que despontavam. Pessoas menos limitadas aos padrões, mais tolerantes às mudanças no ambiente de trabalho; porém, menos preocupadas com a famosa "estabilidade" do emprego. Buscam mais disponibilidade de flexibilidade e adaptação no equilíbrio vida pessoal x profissional e rejeição a padrões impostos.

Geração Millenials

Desponta numa época duramente marcada pelo ataque de 11 de setembro nos Estados Unidos, *serial killers* de escolas, crianças e jovens extremamente atarefados (escola secular, aulas de música, prática de esportes, estudo de língua estrangeira etc.) como forma de proteção de seus pais assombrados pelo novo mundo. Apresentam um perfil mais realista, mais observador da comunidade, conseguem orientar-se por *feedbacks*, empreendedores, receptivos a mudanças, disruptivos, trazem o humor para o dia a dia. Podemos dizer que são "nativos digitais" - apreendem e deslizam pela tecnologia como função vital, querem impactar o mundo de alguma de forma histórica. Em consequência dessas características, possuem dificuldade de concentração, precisam de validação de suas ideias, requerem regras bem definidas e supervisionadas.

Geração Z

A última geração devidamente analisada e definida, marcada pela "profissionalização" dos ataques violentos de grupos terroristas Al Qaeda, ISIS, aumento da frequência de assassinatos em série em escolas, intolerâncias religiosas, raciais, sexuais, sociais, aumento dos desequilíbrios psicossociais. São indivíduos mais pragmáticos, habilidade nata em tecnologia, preocupam-se com o futuro e em como irão prover suas necessidades, já não acreditam na aposentadoria, não passam dificuldades porque sempre conhecem ou mesmo desenvolvem seus próprios recursos tecnológicos que os deixam a par de tudo e todos, progressistas sociais, a geração "Apple" (iPhone, iPad). Não obstante, são jovens com dificuldade de concentração, a mente ferve de ideias e pensamentos; tudo parece fácil de resolver com um simples *click*.

Percebam como começa a ficar claro que o modo de agir, pensar, gesticular; enfim, comunicar dos indivíduos, tem influência direta do contexto em que cresceram ou vivenciaram em suas vidas.

E você, já parou para pensar se considerava essas e outras matrizes de formação, comportamentos, acontecimentos quando reclamava que o seu colega de trabalho mais velho que você tem dificuldade de lidar com a tecnologia? Será que quando você recebe um WhatsApp do seu filho abreviando palavras e expressões, antes de reclamar, você tenta compreender em que período ele nasceu e o que de fato representa isso em sua identidade e formação? Já se percebeu reclamando com outros colegas que esses "jovens de hoje em dia" são relaxados, descompromissados, não prestam atenção nas coisas importantes?

Uma pesquisa da VitalSmarts® de 2014, identificou que cerca de 34% das pessoas desperdiçam 12% do tempo de trabalho em conflitos crônicos entre colegas de diferentes gerações. E olha que outro dado interessante dessa pesquisa: 25% das pessoas admitem fugir de conflitos com colegas de gerações diferentes. Será que não seria muito mais empático e funcional se apenas conhecêssemos um pouco mais daquela pessoa que nos causa estranheza em relação aos nossos parâmetros de julgamento?

Vamos um pouco mais além. No seu ambiente de trabalho, em reuniões de família, grupos de amigos, sempre tem aquela pessoa que insiste em impor sua opinião, ser mais dramática, aquele que sempre fica mais isolado, o chamado introspectivo, aquele que sempre quer trazer os exemplos da sua vivência, de sua fase de formação de conceitos a partir do contexto em que ele viveu?

Comunicar-se abrange todos esses pontos e, quando falamos em comunicação assertiva, falamos em linguagem acessível a todos os envolvidos, e fica muito claro a imprescindibilidade do "entender o outro" e conhecer

114 | Comunicação assertiva

quem queremos atingir, como e qual a "ferramenta" de comunicação devemos utilizar para atingir nossos objetivos.

Estudos realizados ao longo dos anos sobre as características e percepções intergerações demonstram que comportamentos como trabalho árduo, responsabilidade, disponibilidade ao sacrifício por um objetivo e autoconfiança são características que vêm diminuindo dos mais velhos para os mais jovens.

Muito diferente do que a própria geração *Baby Boomers* imaginava, muitos deles ainda hoje mantêm-se no mercado de trabalho, seja por necessidade seja mesmo pelo fascínio pela atividade que desempenham. Como você imagina que eles se sentem imersos nesse boom tecnológico em que vivemos, com as constantes mudanças de padrões? Sim padrões, porque eles tiveram sua formação intelectual num contexto de reconstrução e que, após sucessivas perdas, traziam consigo uma necessidade latente de sentirem-se seguros novamente.

Ora, nesse contexto não cabe o famoso pré-requisito: "ser adaptável a mudanças". Hoje temos jovens que querem ser inseridos no mercado de trabalho o quanto antes para lançarem sua figurativa independência. São os Geração Z, praticamente concebidos na tecnologia. Essa geração, num ambiente de trabalho, é aquela que está fazendo o relatório que o chefe pediu, usando um fone de ouvido com uma música super alta, sentado de maneira despojada, aparentando nenhuma concentração. E ele está errado? Depende sob a perspectiva de que geração você o julga!

Se pararmos alguns minutos para analisarmos nossos ambientes, certamente identificaríamos várias situações em que se cada um se importasse em conhecer o outro em termos de formação de valores e padrões típicos de suas respectivas gerações, muitos conflitos ou mesmo ações mais indesejadas poderiam ser evitadas ou melhor geridas.

E como devemos agir? Vão aqui umas dicas importantes para que você leve em consideração quando for comunicar-se em seu dia a dia, seja com a família, amigos seja no ambiente de trabalho:

• Procure fazer uma breve análise do seu receptor (aquele que receberá sua mensagem) – faixa etária, comportamentos, linguagem corporal. Isso vai ajudá-lo a definir quais serão as melhores ferramentas de comunicação para que tenha maior êxito em seu objetivo. Ex.: dependendo da faixa etária, é preferível que você telefone a mandar mensagens por aplicativos; certamente a ligação representará mais importância e senso de seriedade.

• Num ambiente com pessoas de diversas faixas etárias, como se comunicar? Analise os comportamentos, linguagem falada e corporal, pois talvez seja necessário utilizar mais de uma ferramenta de comunicação

Mariana Baliana | 115

para ser efetivo em sua mensagem. Ex.: você pode trabalhar com bilhetes adesivos, vídeo, mensagem escrita.

O grande segredo para garantir a assertividade de sua comunicação de maneira inclusiva, sem preconceito, com o olhar voltado a diferentes gerações, é conhecer um pouco de cada uma delas, dentro do ambiente em que se comunica. Tenha sempre em mente que deverá adaptar seu discurso a diferentes receptores, sem julgar o que seja o certo ou errado.

Simplesmente é como se tivesse que fazer uma tradução para cada idioma, aqui fazendo uma analogia com as gerações, e todos recebem a mesma mensagem conforme o idioma em que foram criados.

Deixo aqui o desafio de imaginarmos a Geração pós-Covid19, que nascerá de pessoas que nunca haviam enfrentado situações de pandemia, reclusão, mudança nos meios de trabalho para uma realidade virtual que estava pensada para ocorrer no mínimo nos próximos 5-10 anos; as escolas, os professores, os próprios alunos tendo que primeiramente aprender o novo recurso e metodologia de estudo, a convivência familiar de várias gerações 24 horas, descobertas pessoais de novas habilidades de maneira obrigatória; afinal, ou você faz o que precisa ou não tem!

Nesse momento, todos foram compulsoriamente inseridos num único contexto, num mix de gerações e um verdadeiro "salve-se quem puder" para conviver racional e minimamente bem até sabe-se quando e como.

Espero ter conquistado a sua percepção para esse detalhe essencial para comunicarmos em qualquer tempo e ambiente. Agora é só praticar!

Referências

GRUBB, V. M. *Conflito de gerações: desafios e estratégias para gerenciar quatro gerações no ambiente de trabalho*. São Paulo: Autêntica Business, 2018.

PEW RESEARCH CENTER. *The whys and Hows of Generations Research*. 2015. Disponível em: <people-press.org/2015/09/03/the-whys-and--hows-of-generations-research/>. Acesso em: abr. de 2020.

VITALSMARTS. *A grande barreira entre as gerações*. São Paulo, 2014. Disponível em: <aspectum.com.br>. Acesso em: jan. de 2021.

14

TURBINE OS RESULTADOS COM *FEEDBACK* E *FEEDFORWARD*

Por que é tão difícil praticar *feedback*? Tenho visto que o frequente uso inadequado do *feedback* tem levado a um desperdício de tempo, desmotivação e desconfiança, além de deixar marcas desastrosas nas pessoas. Neste capítulo, trarei reflexões para te apoiar a praticar de forma objetiva e eficaz o que costumo chamar de "conversas de desenvolvimento" para obter resultados surpreendentes.

NOEMI MARTYNIUK

Noemi Martyniuk

Apaixonada por lidar com "gente". *Business Coach*, Consultora de Desenvolvimento Organizacional, Facilitadora de Grupos, Palestrante, Psicóloga. Tenho como Missão "contribuir com o desenvolvimento de pessoas e organizações para a conquista de melhores resultados". Simplicidade e valorização das pessoas traduzem o meu jeito de ser. Certificação Internacional em *Coach* (*Master, Executive & Professional Coach Certification*) na SLAC - Sociedade Latino Americana de Coaching (credenciada pelo International Association of Coaching – IAC/EUA); *Professional Leader Coach* na SLAC (credenciada pelo IAC/EUA); Formação como palestrante com Roberto Shiniyashiki; *Practitioner* em PNL pelo Instituto Master Solutions. MBA em Gestão Empresarial (SLAC & Fundação Escola de Sociologia e Política de São Paulo). Formação em Psicologia pela Universidade São Marcos.

Contatos
www.noemimartyniuk.com.br
noemi@noemimartyniuk.com.br
11 99104-9280

Todos nós precisamos de pessoas que nos deem feedback.
É assim que melhoramos.
Bill Gates

Vamos do começo

eedback é uma etapa do processo de comunicação que envolve um emissor, uma mensagem, um canal, linguagem e um receptor. É o "retorno" da mensagem; o que permite ao emissor saber se o receptor interpretou a mensagem de forma correta.

Até aqui nenhuma novidade. Entretanto, por mais óbvio e simples que pareça, o *feedback* tem sido utilizado de formas diferentes do que o seu real propósito. Vou começar destacando dois pontos conceituais sobre o assunto.

O primeiro está relacionado ao seu contexto. Segundo Davis e Newstron (2001), a comunicação é a transferência de informação de uma pessoa para outra. Precisa existir compreensão entre o que a pessoa está falando e o que o outro está recebendo. Então, comunicação vai além de falar; é preciso se fazer entender!

E é aí que começa a história das dificuldades: garantir a real compreensão da mensagem! Seja na transmissão de uma informação sobre um processo de trabalho, um pedido para um amigo ou uma discussão da relação.

O segundo ponto diz respeito ao conceito propriamente dito de *feedback*. Leme (2015) traz uma definição muito clara: *feedback* significa apenas informação. E essa informação "precisa ser precisa", isenta de qualquer adjetivo ou emoção. Se isso ocorrer, não teremos mais apenas uma informação e sim uma crítica, opinião.

Começa a ficar mais claro porque temos tanta dificuldade na utilização do *feedback* no trabalho e na vida de uma forma geral. É comum o *feedback* interpretar ou filtrar os dados com base nos valores e experiências do emissor e não de uma forma isenta, com as informações "nuas e cruas". Por exemplo, "você não trabalha em equipe" ao invés de falar "hoje, pela manhã, você deixou de atender ao telefone de seu colega que estava em treinamento".

Seria muito mais fácil se todos se concentrassem em apenas dizer os fatos e dados. É verdade. Mas não é o que acontece. Stone e Heen (2016) afirmam que o processo de transformação de dados em interpretação ocorre num piscar de olhos e é em grande parte inconsciente. Nosso cérebro recebe os dados, de forma seletiva e, de imediato, fazemos interpretações, o que resulta em rótulos baseados em julgamentos instantâneos: "você está muito agressiva; ele não se preparou para a reunião".

Então, deixando bem clara a definição de *feedback*: apresentar a uma pessoa a percepção sobre o comportamento dela e como este afeta o comportamento das pessoas ao redor, bem como os resultados do setor e da organização como um todo. Isso nos dá a importância desta ferramenta, cujo principal objetivo é ampliar a consciência e redirecionar as escolhas da pessoa que o recebe, pois provê informações necessárias para a reflexão e possíveis mudanças. O *feedback,* quando realizado de forma estruturada e oportuna – objetivo e sem julgamentos –, pode acelerar o processo de mudança e aquisição de comportamentos mais adaptados às necessidades da empresa (PIERUCCINI, 2002).

"Preciso te dar um *feedback*"

Ah! Tenho certeza de que você já sentiu frio na barriga e o coração disparou ao ouvir essa frase. Isso acontece porque *feedback* é muito utilizado como momento de "bronca". "Sofrer um *feedback*" pode parecer incrível, mas esta foi uma fala que ouvi de um gestor! *Feedback*, por este prisma, só pode ser uma coisa muito ruim, sofrida.

Estudos mostram que, quando você diz que precisa dar um *feedback*, quase que automaticamente surgem sintomas de uma "reação a ameaças": uma sequência de eventos neurológicos e fisiológicos que comprometem a capacidade de processar informações complexas e de reagir de maneira ponderada.

"Você é muito disperso", "você nunca participa das reuniões", "você precisa melhorar, está muito abaixo dos seus colegas". O que estes *feedbacks* significam? O que exatamente a pessoa precisa desenvolver? Trouxeram alguma informação para o desenvolvimento da pessoa? Não! Então, não foi um *feedback*...

Então, *feedback* não é:

- ferramenta de motivação! Ah! Como já vi isso na minha experiência: pessoas que utilizam o *feedback* para mostrarem que querem ser "legais e amigos";

120 | Comunicação assertiva

- conselho! Isso é impor a nossa visão e análise da situação. O foco está em nossa experiência;
- opinião! Isso também é a nossa visão e percepção sobre uma situação. O processo precisa de dados objetivos e precisos;
- "Bronca"! Isso é repreender, disciplinar, censurar;
- pesquisa de satisfação! Incrível, não? Mas já vi isso também acontecer... Gestores aproveitando para avaliar a sua própria gestão, a filosofia da empresa, a equipe;
- terapia! Às vezes, durante o *feedback*, o profissional relata dramas pessoais. É preciso explicar que ele precisa de ajuda para melhorar ou retomar os resultados e não simplesmente "passar a mão na cabeça".

Ah! E ainda tem a história de *feedback* positivo e negativo

De uma vez por todas: não existe *feedback* positivo nem negativo – é só *feedback*, ok? Trata-se de uma informação que passamos ao outro com a finalidade de reforçar, reconduzir ou desenvolver um comportamento. Então, *feedback* é sempre construtivo na medida em que auxilia o outro a perceber que um determinado comportamento pode ser "turbinado", trocado ou somado à sua prática.

Agora, o *feedback* pode levar a pessoa a ter uma percepção de crítica e, a partir daí, ter essa sensação de positivo ou negativo. Para mudar esse cenário de "sofrer um *feedback*", é preciso que cada um mude o seu modelo mental sobre o *feedback*. Isso só acontecerá através da prática no dia a dia (de verdade!).

E por que é tão difícil praticar?

Se *feedback* é um processo com alto valor para o desenvolvimento das pessoas, para as relações e para os resultados dentro da organização, por que é tão difícil dar e receber *feedback*?

Motivada a entender um pouco mais esse dilema, em março/2020, coletei percepções de profissionais da minha rede de contatos (LinkedIn, Facebook): 60% dos respondentes eram gestores e 40% eram não gestores.

Existe, na maioria, uma percepção clara sobre o conceito de *feedback*: conversa franca, momento de alinhamento e redirecionamento, baseado em fatos, foco no desenvolvimento. No geral, 82% acreditam muito na capacidade do *feedback* em transformar resultados e desenvolver pessoas. Sobre preparação para dar um *feedback*, no geral 39% dizem que se sentem preparados e 57% vão além, dizendo que se sentem muito confortáveis.

Procurei colher informações sobre o porquê as pessoas têm tanta dificuldade para dar um *feedback*. 52% no geral mencionou o medo como fator impeditivo de dar um *feedback*. E ele apareceu em várias dimensões: medo de se expor, da reação do outro, da crítica, de errar, de magoar o outro, de não ser entendido, de ser sincero demais, de perder amizade, de administrar as relações, de resistências, de ofender.

> Segundo Dalgalarrondo (2006), o medo não é uma emoção patológica, mas algo universal. É um estado de progressiva insegurança e angústia, de impotência e invalidez crescentes, ante a impressão iminente de que sucederá algo que queríamos evitar e que progressivamente nos consideramos menos capazes de fazer. O problema está em quando ele foge ao nosso controle e nos tornamos seus prisioneiros, evitando situações que não nos oferecem perigo real, nos trazendo prejuízos e interferindo na vida social (MIRA; LOPÉZ, 1998).

Se o medo está te impedindo de ter conversas de desenvolvimento, é um bom momento para começar a mudar esse cenário, lidando com a causa do medo.

Os participantes do levantamento deram dicas para se ter um feedback útil. E é impressionante como as opiniões convergiram. Gestores e não gestores trouxeram praticamente os mesmos pontos: necessário se preparar, ser objetivo, sem rodeio, apoiado em evidências comportamentais, sem "mimimi", intenção de desenvolver, cuidado em como falar. Aqui temos os pontos principais para a prática do feedback no real conceito!

Feedback eficaz

Quero compartilhar uma metodologia muito prática e útil e que pode ser uma grande aliada para enfrentar o medo de dar um *feedback*. Trata-se da técnica SCI – Situação, Comportamento, Impacto (Center for Creative Leadership). Por ser simples e direto, o modelo reduz a ansiedade de fornecer *feedback* e a defensividade daquele que recebe.

Você esclarece a situação, descreve os comportamentos específicos observados e explica o impacto que o comportamento da pessoa teve em você, no grupo ou no projeto. Simples assim!

As pessoas entenderão exatamente o que você está comentando e por quê. E, quando você descreve o impacto do comportamento deles nos outros, oferece a chance de refletirem sobre as ações deles e pensarem no que precisam mudar.

Veja no quadro a seguir a estrutura do modelo e alguns exemplos.

S SITUAÇÃO	› Esclareça o local e o momento da situação a que você está se referindo: seja específico sobre <u>quando</u> e <u>onde</u> aconteceu. › **Por exemplo:** *"Ontem na nossa reunião pela manhã ..."*
C COMPORTAMENTO	• Descreva os comportamentos específicos que foram observados, sem suposições ou julgamentos subjetivos sobre eles. Traga apenas comportamentos que você observou diretamente. Boatos contêm julgamentos subjetivos de outras pessoas. • *"...você chegou 35 minutos atrasado..."*
I IMPACTO	• Descreva como a ação da outra pessoa afetou você ou as outras pessoas. • *"...e precisamos retomar o que já havíamos discutido, fazendo com que a reunião se estendesse além do combinado e prejudicando o próximo compromisso das pessoas."*

E não termina aí. Depois do *feedback*, incentive a pessoa a pensar sobre como fará para que isso não aconteça novamente. Esse modelo nos ajuda a ter maior objetividade e contribuir de verdade com o desenvolvimento das pessoas. Sem mágoa, nem ressentimento!

Quer ir além? Use *feedforward*

Esse é um conceito que surgiu com Marshall Goldsmith e Jon Katzenbach no início dos anos 1990. Eles perceberam que o *feedback* poderia se tornar mais robusto com a integração do *feedforward*.

O *feedback* examina o passado, que não pode ser alterado. O *feedforward* analisa um potencial futuro que está, *a priori*, sob nosso controle. Assim, se utilizarmos os dois processos, há um fortalecimento do desenvolvimento. E melhores resultados!

Feedforward, como tem o foco no futuro, pode minimizar sentimentos de mágoa, atrito e defesa. É visto como positivo porque se concentra em soluções – não em problemas. Não envolve crítica pessoal, pois está discutindo algo que ainda não aconteceu!

Então, qual a proposta do *feedforward*? Após a conversa de desenvolvimento por meio do *feedback*, a pessoa já tem uma visão clara de pontos que precisa melhorar ou "turbinar". A partir daí, entra o *feedforward*:

- definir o comportamento que gostaria de mudar;
- escolher três a quatro pessoas que darão duas sugestões para o futuro sobre como pode melhorar aquele comportamento;

Noemi Martyniuk | 123

- ouvir atentamente as sugestões e fazer anotações: não é o momento para comentar, criticar ou fazer julgamento;
- agradecer as sugestões e colocá-las em prática.

Goldsmith (2007) constatou que, após o *feedforward*, as sensações eram quase sempre positivas, como energizante e útil. Isso porque o foco estava na solução e não no problema, trazendo possibilidades ao invés de críticas. Tudo muito simples, positivo e rápido.

Conclusão

O *feedback* é uma estratégia para a obtenção de melhores resultados dentro de uma organização. O caminho para isso é o desenvolvimento de pessoas (que fazem os resultados acontecerem!). Todos têm necessidade de saber como estão indo: não dar nenhum *feedback* traz impactos desastrosos, pois interfere no relacionamento, no clima de trabalho, no alinhamento de objetivos e nos resultados do negócio. Se as pessoas não estão desempenhando como deveriam, é possível que a causa seja a qualidade ou quantidade de conversas de desenvolvimento que estão tendo.

Leve em consideração que *feedback* + *feedforward* = resultados turbinados. A isenção de julgamento e crítica no momento do *feedback* através da utilização do método SCI trazem clareza e objetividade sobre "o que" melhorar. A sugestão de estratégias para melhorar o comportamento, com o *feedforward*, amplia as possibilidades de "como fazer".

Agora, de nada adianta saber tudo (processo cognitivo) sobre *feedback* e *feedforward* se não aplicar (habilidade). Meu desafio aqui para você é que coloque isso em prática. Hoje!

Referências

CENTER FOR CREATIVE LEADERSHIP, CCL (ed.). *Use the SBI Feedback Model to Understand Intent: How to Use Situation-Behavior-Impact (SBI) to Give Feedback*. Disponível em: <ccl.org/articles/ leading-effectively-articles/closing-the-gap-between-intent-and-impact/>. Acesso em: 7 de fev. de 2020.

DALGALARRONDO, Paulo. *Psicopatologia e semiologia dos transtornos mentais*. Porto Alegre: Artmed, 2000.

DAVIS, Keith; NEWSTRON, John W. *Comportamento humano no trabalho: uma abordagem organizacional*. São Paulo: Pioneira Thomson Learning, 2001.

GOLDSMITH, Marshall. *Instead of feedback, try feedforward to boost team performance*. Califórnia: Marshall Goldsmith, 2007. Disponível em: <marshallgoldsmith.com/articles/1438/>. Acesso em: 8 de fev. de 2020.

LEME, Rogério. *Feedback para resultados na gestão por competências pela avaliação 360º*. Rio de Janeiro: Qualitymark, 2015.

LÓPEZ, Mira y. *Quatro gigantes da alma: o medo, a ira, o amor, o dever*. 18. ed. Rio de Janeiro: José Olympio, 1998.

PIERUCCINI, Janay Caon. *O desenvolvimento de equipes na melhoria de resultados organizacionais*. Caxias do Sul, 2002. 117 f. Dissertação (Mestrado em Administração) - Universidade Federal do Rio Grande do Sul, 2002.

STONE, Douglas; HEEN, Sheila. *Obrigado pelo feedback: a ciência e a arte de receber bem o retorno de chefes, colegas, familiares e amigos*. São Paulo: Portfolio-Penguin, 2016.

15

TENHA SEGURANÇA NAS TOMADAS DE DECISÕES COM UMA COMUNICAÇÃO TRANSPARENTE

A comunicação transparente contribui tanto para tomadas de decisões assertivas quanto para o seu crescimento pessoal e profissional. Estamos em constante evolução e, nesta jornada, o conhecimento é um dos combustíveis. Permita-se sempre avaliar, buscar e aprender. Boa leitura!

RODRIGO CARVALHO

Rodrigo Carvalho

Sócio e gerente do Grupo Caetano. Consultor em Gestão de Pessoas para Empresas de Pequeno e Médio Porte. Pós-graduado em Gestão Empresarial e *Coaching* pela Fundação Escola de Sociologia e Política de São Paulo. Graduado em Gestão de Recursos Humanos pela Faculdade Integradas de Três Lagoas, Mato Grosso do Sul. Pedagogo formado pela Fundação Paulista São José, São Paulo. Capacitado em Gestão e Liderança de Equipes pela Fundação Getulio Vargas, Araçatuba, São Paulo. Certificado em *Master coach* pela International Association of Coaching e European Mentoring & Coaching Council. Analista comportamental e assessor de carreira profissional.

Contatos
rodrigocarvalho.coach@gmail.com
LinkedIn: Rodrigo Carvalho
Instagram: @rodrigocarvalhu

Você conhece estas expressões: *entrou por um ouvido e saiu pelo outro! Estou falando grego?* Dependendo das nossas experiências, essas expressões trazem-nos várias justificativas, mas a maioria justifica como "falta de atenção". Na comunicação sempre teremos um emissor, a mensagem e o receptor. Sendo assim, é comum julgarmos e afirmamos que quem tem falta de atenção na comunicação sempre é o receptor/ouvinte.

Nós nos comunicamos sempre com uma finalidade/propósito, seja ele qual for. Portanto, não cabe também ao emissor analisar se o seu ouvinte está tendo clareza, compreensão, validação sobre o que está sendo dito? Além de outro ponto importante: também está claro para seu ouvinte o resultado que queremos chegar através dessa nossa conversa, fala ou comunicação?

Caro leitor, trago esse capítulo para que entenda que um breve e simples recado dado pode ser mal interpretado por não se atentar a esses pontos trazidos no parágrafo anterior. Contudo, um simples recado, ao ser bem estruturado, pode ser o suficiente para atingir o resultado esperado, dando-lhe mais segurança nas tomadas de decisões.

Vejam que interessante. Em minhas experiências profissionais formalizei uma pesquisa para uma empresa que tinha como propósito avaliar o nível da comunicação de seus colaboradores. Ao aplicar a pesquisa, tivemos o seguinte resultado: 60% dos participantes tinham problemas na sua comunicação e foram avaliados com nível regular, com sugestões para ajustar e melhorar a sua comunicação.

Após a pesquisa, fizemos um planejamento de como poderíamos compartilhar os resultados e passar-lhes clareza do porquê e como deveriam melhorar no quesito comunicação.

Por fim, de forma individual, reunimo-nos com cada participante e foi apresentado seu respectivo resultado: uma maneira ideal, desejada ou necessária que deveriam seguir ao expressar-se/comunicar-se, independentemente da sua posição e de quem seja o seu ouvinte. Veja que reunimos cada um para conversar sobre a comunicação dos colaboradores de forma clara, transparente e objetiva.

Quatro meses após essa devolutiva, aplicamos novamente a avaliação e tivemos um retorno satisfatório no qual 63,34% tiveram uma análise entre bom e ótimo em quesito de comunicação. Assim, houve uma diminuição nos casos que foram avaliados como regular, no total 36,66%.

Na sequência irei compartilhar uma história que vivenciei na qual teremos momentos de comunicação transparente em várias situações. A história servirá para exemplificar como a comunicação clara e estruturada pode dar garantia nas tomadas de decisões.

Ao percorrer pelo exemplo, faça uma analogia com a sua realidade como pessoa, profissional e os contextos em que vive. Para isso, resumo palavras-chave na história a seguir:

"MARTA" - poderá ser você, seu funcionário, esposa, filho, amigo, familiar.

RECRUTAMENTO - são os primeiros contatos com o outro, o quanto você é objetivo, no que acredita, como está sendo o seu filtro de juízo de valores e preconceitos com aquele que está na sua frente, sua fala é congruente com que você pensa e pratica.

ADMISSÃO - selo da negociação, é o casamento entre partes envolvidas, tratado verbal ou escrito, é o combinado, o que será seguido.

FEEDBACK - temperatura que indica se está bom ou ruim, é um retorno breve do que foi pedido, desejado ou necessitado, pode ser uma confirmação ou gesto com cabeça, "um obrigado, ficou bom" ou "esperava de outra forma".

DEVOLUTIVA - são as DR's de um casal, retorno de um fornecedor, a revalidação do que foi acordado, os ajustes e os dizeres sobre comprometimento ou não.

DEMISSÃO - é o fim, rompimento daquilo que foi combinado, revisado e não alcançado.

Trago esse contexto empresarial, mas quero provocar a refletir nas diversas áreas que esteja, está ou estará se comunicando com outra pessoa.

História

Terça-feira, logo pela manhã, eu, na condição de supervisor da Marta, logo faço uma ligação para ela e agendo uma reunião de desligamento. Claro que ela não sabia o motivo. Este tipo de assunto é comum da empresa não tratar via telefone.

– Alô, Marta!
– Oi, sim (respondeu Marta).

130 | Comunicação assertiva

– Bom dia. Sou eu Rodrigo. Você está na cidade?

– Sim, Rodrigo, estou. Está precisando de algo? Posso ajudar? (respondeu Marta)

– Marta, gostaria de reunir com você hoje às 17h no escritório, é possível?

– Sim. Pode marcar. Estarei aí no horário combinado. (respondeu Marta).

Antes de dar sequência nesses relatos que usaremos para exemplificar novamente uma **comunicação transparente** que aconteceu comigo, preciso que você entenda que existem vários procedimentos, posturas e culturas empresariais referente às admissões, *feedback*, reuniões de devolutivas de performance e desligamentos.

Neste momento aproveito para alinhar e reforçar que todos os pontos podem sempre ser ajustados, melhorados, inovados ou extintos, reforçando o dinamismo que as pessoas e os contextos podem proporcionar e, é claro, os resultados que queremos atingir. Sempre respeitando o outro como um ser humano, com empatia e compaixão.

No escritório às 17h, conforme o combinado em minha sala, recebo Marta! As reuniões de desligamento das empresas são suscetíveis a diversas reações emocionais, como choros, verbalização ríspida e de negação, entre outras. Seguirei abaixo com parte da minha conversa com a Marta. Usarei esse trecho para dar sequência na linha de raciocínio e análise para os próximos parágrafos.

– Marta, infelizmente a empresa está desligando você do nosso quadro de colaboradores. É de sua ciência que já realizamos 2 devolutivas de sua performance dentro da empresa e, com tudo que foi posto, não tivemos um retorno satisfatório da sua parte. Seguiremos com a sua demissão. Por gentileza, preciso que assine esse documento – eu disse a ela.

Confesso que nenhum desligamento é algo fácil de realizar. Sabemos da dificuldade de recolocação no mercado e da instabilidade da economia, mas, quando regras, tarefas e posturas deixaram de ser seguidas e resultados não foram entregues de forma satisfatória, temos que tomar decisões.

Mas, Rodrigo, o que lhe dá a certeza de que a empresa está agindo com assertividade em relação ao desligamento? Digo a você que o ponto principal é a *comunicação transparente*.

Posicionar-se de forma transparente significa ser assertivo no tom e no volume de voz, no cuidado da comunicação não verbal, olhar nos olhos, falar com firmeza e clareza. As regras, tarefas e posturas desejadas pela empresa são desde o começo colocadas na mesa e explicadas ao colaborador. Na sequência ele conhece os indicadores que avaliam sua performance e a mensuração das suas tarefas durante a sua jornada na empresa.

Veja abaixo, em todas as etapas, momento de comunicação transparente e clara e use a analogia para entender o quanto você está praticando essa comunicação na sua realidade.

Recrutamento e seleção

Esse é o primeiro momento. Nesta etapa você está buscando alguém para somar força ou suprir uma demanda da sua empresa: o colaborador, sócio ou investidor. Você deve ser assertivo e definir os requisitos que quer para seu negócio. Sem rodeios e preconceitos, estruture, valide e anuncie. Nunca deixe que a pressa ou a urgência faça você fazer escolhas sem analisar bem.

Seja claro e sem delongas referente à vaga. Apresente o plano de carreira, salários e fale sobre a cultura da empresa. E, por mais estranho que pareça, traga também os pontos que podem levar a uma demissão, o que a empresa espera da performance dos resultados que deverão ser entregues pelo colaborador, mesmo antes de contratá-lo efetivamente.

Voltando ao caso, Marta entrou ciente de que existe uma cultura de crescimento do negócio. Soube também detalhes sobre seu cargo, salários e como seria sua rotina. Foram mostrados os recursos que estariam disponíveis para realizar seu trabalho. No início você deve despender de tempo para colocar no papel e estruturar um planejamento e organização para que tenha uma assertividade maior nessa etapa. Revise o planejamento quantas vezes forem necessárias!

Admissão

Acordado, negócio fechado! Tudo novo e desafiador, colocar mão na massa. Na admissão você passa as coordenadas, o que é esperando com mais detalhes, percorre pelo regimento e alinha os comportamentos permitidos e os não permitidos. Perceba que em alguns pontos você reforça o que já foi apresentado na etapa anterior. Além das questões burocráticas, entramos nos pontos de cuidados de saúde, cultura da empresa e resultados esperados.

Marta esteve de acordo com as informações passadas, entendeu as regras e estava animada para iniciar as atividades. Fantástico era o que a empresa precisava!

É muito importante a revisão do que já foi apresentado nas primeiras etapas e ter validação dos envolvidos é início de casamento. É uma troca de ambos com o objetivo de ter bom engajamento e comprometimento.

Feedback

Utilizar essa ferramenta ajudará a gerar resultados mais rapidamente. Pode aplicar-se no início, meio ou fim de uma tarefa/projeto. O *feedback* pode ser em um formato de alerta, direcionamento, elogio ou correção pontual. Não precisa reservar sala nem marcar um dia específico; os indicadores sinalizam você a fazer o uso do *feedback*. Lembre-se: respeito e empatia pelo próximo sempre!

Marta recebeu elogios, mas pontos de correções foram maiores; mostrava as tarefas fora dos prazos e sem os acabamentos.

Feedback deve ser aplicado sempre através de um agradecimento, reconhecimento, uma correção ou orientação. Sabemos que é impossível ler a mente do outro, por isso faça um esforço quando estiver envolvido em um projeto ou assunto que lhe seja pertinente; dê um retorno para que tenha um resultado final esperado.

Devolutiva de *performance*

É hora de estruturar uma reunião, trazer indicadores, fatos, informações e ter exemplos a colocar na mesa. Na devolutiva, a empresa recolocar seus pontos como empregador e reforça o que é esperado ao empregado.

A devolutiva deve seguir sempre respeitando colaboradora; porém, deve ser pontuando o que está sendo insuficiente como colaborador para empresa; o que é esperado dele. É o momento de escutar o colaborador e ouvir quais são as propostas de ajustes e mudanças.

Marta recebeu uma devolutiva. Houve melhoras após a primeira, sim existiu, mas não foi perene. Com o passar das semanas, seu comportamento e postura vieram a não contribuir com os resultados esperados. Francamente foi dito o que a esperava se as mudanças não fossem atendidas para que não houvesse o desligamento por desvio de postura ou entrega do combinado.

A devolutiva é o momento de analisar. O empregador deve rever os pontos, ver se todas as ferramentas para performance da colaboradora estão ao seu alcance, avaliar se há meios como capacitação e conhecimentos intelectuais que possam contribuir para o alcance do resultado. Na devolutiva, deve haver uma confirmação do outro, se faz sentido o posicionamento da empresa, se a empresa pode contar com o comprometimento da colaboradora. Não há regras para quantas devolutivas devem ser aplicadas; varia da cultura da empresa, dos resultados alcançados e do tempo que se quer aguardar para as mudanças. Alguns mencionam que no máximo 3 vezes. Após isso rompe, dispensa para o mercado e finaliza o contrato.

Demissão

É o fim, término, encerramento de contrato. O compromisso que existia chegou a um ponto de ruptura.

Marta, infelizmente a empresa está desligando você do nosso quadro de colaboradores. É de sua ciência que já realizamos duas devolutivas de sua performance dentro da empresa; contudo, não tivemos um retorno satisfatório da sua parte e seguiremos com a sua demissão...

Não deve ser longo, com pontuações marcantes. O desligamento deve acontecer de forma direta, objetiva e respeitosa, visto que nas devolutivas já foi pontuado que, havendo retorno insatisfatório, infelizmente deveremos encerrar nosso compromisso.

Caro leitor, as nossas rotinas, perda de foco, o viver de forma automática de fazer as coisas, se não nos policiarmos e revisarmos sempre em busca de melhorias, podemos perder oportunidades, como emprego, negócios e família.

Precisamos com frequência dar uma pausa, pensar, avaliar sobre a comunicação. Deixando de fazer essa reflexão, podemos frustrar-nos com resultados não satisfatórios.

Reveja sempre os pontos da comunicação e tenha sempre uma comunicação transparente. Faça dela uma ferramenta para suas conquistas e que sejam constantes os sucessos e realizações em sua vida. Torço por você!

16

COMUNICAÇÃO ESCRITA ASSERTIVA COM FOCO NAS RELAÇÕES PROFISSIONAIS

Neste capítulo, o leitor entrará em contato com orientações para que sua comunicação escrita seja assertiva e eficaz. Com as palavras comunicamos o que pensamos e sentimos na interação com o outro. Que este capítulo possa ajudá-lo a enfrentar desafios profissionais e o levar a compreender como escrever pode ser maravilhoso no nosso aprimoramento pessoal! Mergulhe com vontade nesta leitura!

PATRÍCIA DE OLIVEIRA JACUDI

Patrícia de Oliveira Jacudi

Professora graduada e licenciada em Letras, Português - Literaturas (UFRJ), com Pós-graduação em Docência do Ensino Superior FGV - 2000 e em Design Instrucional (DI) pelo Senac SP (2018/2019). *Professional Coach* (PCC), certificada pela SLAC - Sociedade Latino Americana de Coaching e no programa PDC de desenvolvimento de habilidades de avaliação de perfil comportamental DISC, certificada pela IAC (International Association of Coaching). Formação na metodologia ABPMP em Gestão de Processos BPM (2010) e certificada na metodologia LeanSixSigma com Green, Black Belt upgrade pela Seta desenvolvimento gerencial em 2013. Ampla experiência nas áreas de treinamento e desenvolvimento, projetos, consultoria de processos e atendimento e em cultura organizacional, experiência essa adquirida em 30 anos de trabalho no ramo corporativo. Seu diferencial é o dinamismo, comprometimento e relacionamento interpessoal, tendo como propósito contribuir para o desenvolvimento humano em todas as suas potencialidades.

Contatos
www.comexpressao.com.br
patricia@comexpressao.com.br
soupatrol@gmail.com
21 99127-4981

O gosto pela escrita cresce à medida que se escreve.
Erasmo de Rotterdam

Será que hoje, quando escrevemos um texto, respondemos um e-mail ou enviamos uma mensagem escrita no WhatsApp, damo-nos conta da importância da comunicação escrita na nossa vida? A escrita surgiu pela necessidade de expressar manualmente o que era falado, oficializar negociações e agilizar processos.

Antigamente, toda comunicação era via oral. Havia sinais identificados nas paredes das cavernas, pictogramas que sinalizavam mensagens e, enfim, o alfabeto. E hoje? Qual a importância da comunicação oral e escrita na nossa vida? São fundamentais e não competem entre si; complementam-se.

Deve-se conhecer bem o idioma e o contexto para entender a mensagem, tanto pela oralidade como pela escrita; conhecer as regras ortográficas e vocabulário para garantir uma boa comunicação. As novas tecnologias trouxeram interatividade na comunicação escrita: por mensagens de celular (WhatsApp), aplicativos e e-mails.

Como não podemos transmitir para a escrita os símbolos que a comunicação oral possui (gestos, tom de voz e expressões), deve-se ter cautela ao escrever. E aí? Como escrever bem e ter uma comunicação escrita assertiva nas empresas? Veja exemplo no qual faltou clareza no texto. O gestor envia e-mail ao analista:

Marcio, Boa tarde! Solicito que você desenvolva um relatório com indicadores das vendas, gráficos e texto explicativo para entregar amanhã, 9h. Grato, João.

Marcio tratou de preparar o trabalho. Buscou os números de vendas de todos os produtos do mês vigente, fez um texto explicativo dos produtos e regiões, gráficos e, no dia seguinte, 8:15h, entregou o trabalho, via e-mail.

Patrícia de Oliveira Jacudi | 137

O gestor, quando viu o trabalho, devolveu o e-mail informando que o trabalho estava errado, pois ele solicitou um relatório de todos os meses do ano, não só do mês atual, com gráficos comparativos e informações explicativas de cada mês, mostrando crescimento das vendas dos 2 produtos novos, não de todos os produtos.

Marcio sentiu-se desconfortável e foi falar diretamente com o gestor, informando que no e-mail só estava solicitado um relatório com indicadores das vendas, gráficos e texto explicativo, mais nada. "Entreguei o que foi solicitado!" O chefe informou que, quando pediu o relatório, imaginou os indicadores de todos os meses e também pensou apenas nos produtos novos e que Marcio devia imaginar isso! E Marcio teve que correr para buscar o resto das informações e acrescentar os dados no relatório, muito irritado e estressado!

Por que aconteceu essa situação? Barreiras na comunicação existem e causam muitos problemas nas organizações. O gestor deveria ter sido claro e explícito na sua mensagem, informando os dados específicos que precisava, como números de todos os meses e gráficos comparativos referentes apenas aos dois novos produtos. Nem sempre o outro pensa como nós. e então, a melhor coisa é perguntar para certificar-se de que ficou tudo entendido para entrega do trabalho.

Marcio deveria ter confirmado o entendimento com o chefe, questionando se o relatório era mensal ou anual, como seriam os gráficos e se os números de vendas eram de todos os produtos. Ou seja, faltou assertividade nessa comunicação! Para ficar mais fácil, veja algumas dicas na tabela abaixo:

O QUE DEVE SER PRATICADO NA ESCRITA ASSERTIVA	O QUE DEVE SER EVITADO NA ESCRITA ASSERTIVA
- Clareza, texto explícito e completo. Ganhar a atenção do leitor para que tenha interesse em ler e para garantir o entendimento.	- Evitar usar termos complexos que confundam o leitor ou omitam detalhes da informação. Isto pode causar a compreensão incorreta da mensagem.
- Contextualizar, deixar claro o assunto a ser abordado e estabelecer uma linha de pensamento a ser seguida. Detalhar o texto.	- Evitar abordar o conteúdo sem uma ordem ou uma coordenação das ideias para não confundir o leitor.

-Seja conciso, sucinto. Diga muito em poucas palavras. Seja simples, mas diga o que precisa ser dito.	- Não seja prolixo, extenso e demorado. Elimine palavras supérfluas. Informe o necessário.
- Coloque-se no lugar do leitor. Use palavras claras para o fácil entendimento. Seja objetivo.	- Não envie o texto sem ler o que escreveu! Leia para garantir o entendimento e assegurar-se de que o leitor entenderá a mensagem.
- Busque o equilíbrio emocional na hora de escrever. Concentre-se no seu texto! Não dê atenção a outros problemas ou distrações, pois podem afetar a mensagem a ser escrita.	- Evite escrever um texto se está estressado ou irritado. Com certeza seu texto será impactado e pode não transmitir a mensagem que deseja. Respire e acalme-se para escrever!
- Use vocabulário conhecido por você e pelo destinatário. Prefira palavras simples e conheça o significado das palavras que vai usar.	- Evite palavras difíceis e elaboradas, bem como abreviaturas e siglas desconhecidas. Isto pode gerar interpretação equivocada.
- A repetição de palavras ou termos não é interessante. Se já abordou a ideia, não a repita várias vezes para não comprometer seu texto.	- Evite redundância para não deixar o texto cansativo e repetitivo, gerando falta de interesse no leitor.
- Cuide da pontuação e da gramática para que não ocorram ambiguidades. Organize e dê sentido às frases utilizando pontos, vírgulas e regras ortográficas.	- Evite distração ao utilizar os sinais gráficos e a posição do ponto e da vírgula para não passar um entendimento equivocado. Leia e compreenda o que escreveu.
- Conheça muito bem o tema e o objetivo do texto que está escrevendo. Saiba exatamente o que deseja informar.	- Evite escrever seu texto se não tem pleno conhecimento do assunto a ser abordado. Pesquise primeiro sobre o tema que vai fazer referência.
- Confirme sempre o entendimento com o destinatário para garantir uma entrega correta.	-Evite dúvidas. Questione. Evite ficar no "acho que é isso" e depois perder tempo tendo retrabalho. Pergunte sempre!

Outros exemplos:

1. *Maria entregou o produto ao cliente e Débora também.* Maria entregou um produto para o cliente e Débora entregou o mesmo produto para o mesmo cliente ou as duas entregaram produtos diferentes?
2. *Está o maior rebuliço na empresa! O segurança deteve o suspeito pela fraude em sua sala.* Na sala de quem: do segurança ou do suspeito?

Viu só como precisamos ter atenção ao escrever? Nem sempre o significado da mensagem é igual para você e para o leitor.

Quer verificar como está sua habilidade na escrita e nas regras ortográficas? Faça o *quiz* abaixo:

Escolha a melhor resposta:

1. Estive na Bahia, **há 3 anos/há 3 anos atrás**, comprei um produto da sua empresa e adorei!
2. Maria não está **a fim/afim** de fazer o relatório.
3. A resposta desse e-mail não tem nada **haver/a ver** com a minha dúvida.
4. Gostaria de participar da reunião, **mais/mas** não tenho agenda nesse horário.
5. Chegaram **menos/menas** canetas do que encomendei.
6. O chefe disse que Joana salvou a reunião só porque **tinha trazido/tinha trago** o notebook.
7. Acordei **meio/meia** cansada hoje e me atrasei para o treinamento.
8. O gerente vai chegar **daqui há pouco/daqui a pouco**. Ele está vindo da filial.
9. **Onde/Aonde** o diretor de Marketing vai? Temos uma reunião agora!
10. Hoje **agente/a gente** vai almoçar com os supervisores.

Gabarito:

1. Estive na Bahia, *há 3 anos*, comprei um produto da sua empresa e adorei! *Explicação: Há muitos anos/muitos anos atrás* – nunca use '*há*' e '*atrás*' na mesma frase. O correto é usar um ou outro.
2. Maria não está *a fim* de fazer o relatório. *Explicação: A fim/Afim* – '*a fim de*' é uma locução prepositiva que significa '*com o objetivo de*', '*com a finalidade de*', '*com o desejo de*'. Já '*afim*' é um adjetivo que qualifica algo ou alguém que tem afinidade, proximidade, semelhança.
3. A resposta desse e-mail não tem nada *a ver* com a minha dúvida. *Explicação: Nada haver/nada a ver* – quando um assunto não tem relação

140 | Comunicação assertiva

com outro, usa-se *nada a ver*. *Haver* é um verbo usado no sentido de existir e não pode ser usado para determinar a incoerência entre dois objetos.

4. Gostaria de participar da reunião, **mas** não tenho agenda nesse horário. *Explicação: Mais/ mas – mais* é advérbio, contrário de *menos*. *Mas* é conjunção e serve para mostrar contraposição de ideias.

5. Chegaram **menos** canetas do que encomendei. *Explicação: Menos/menas: Menos* é advérbio contrário de *mais*. Já a palavra *menas* não existe.

6. O chefe disse que Joana salvou a reunião só porque **tinha trazido** o notebook. *Explicação:* O correto é dizer *trazido*, pois essa é a única forma do particípio do verbo *trazer*. Na língua padrão, a forma *trago* não é aceita.

7. Acordei **meio** cansada hoje e me atrasei para o treinamento. *Explicação: Meia/meio – meia* significa metade: Comi *meia* maçã. *Meio* significa um pouco.

8. O gerente vai chegar **daqui a pouco**. Ele está vindo da filial. *Explicação: Há/a* – o verbo *haver* é usado com o sentido de *existir*: Pode ser usado para indicar um tempo passado. Já *a* é usado em todos os outros casos que não significam existir ou tempo decorrido.

9. **Aonde** o diretor de Marketing vai? Temos uma reunião agora! *Explicação: Onde/Aonde* – a expressão *onde*, como advérbio ou pronome, indica localização, usado em situações que não mudam de lugar. *Aonde* indica movimento.

10. Hoje **a gente** vai almoçar com os supervisores. *Explicação: Agente/a gente – agente* é um substantivo, como *agente de trânsito*. *A gente* é uma locução com significado de *nós*.

Entre 1-3 acertos: Fraco – Precisa estudar mais. Entre 3-5 acertos: Regular. Entre 6-8 acertos: Bom. Entre 9-10 acertos: Excelente.

Referências

BLIKSTEIN, Izidoro. *Técnicas de comunicação escrita*. 23. ed. São Paulo: Contexto, 2016.

CESCA, Cleusa G. G. *Comunicação dirigida escrita na empresa*. 5. ed. São Paulo: Summus, 2006.

FISCHER, S. R. *História da escrita*. São Paulo: Authentic Livros, 2009.

17

COMUNICAÇÃO NAS NEGOCIAÇÕES

Neste capítulo, o leitor poderá acessar as melhores práticas de comunicação nos processos de negociação de modo a obter sucesso no processo negocial, maximizando os resultados.

MARCOS BASTOS

Marcos Bastos

Engenheiro de Produção (1984), com pós-graduação em processos de produção pela USP, MBA em Gestão de Pessoas pela FGV, Business Management Module - King College Virginia, MBA Gestão de Negócios & Coaching - FESP/SLAC. Atua no Setor Automotivo há 30 anos na direção das operações em grandes grupos multinacionais do setor de autopeças, incluindo experiência internacional na Europa e EUA na Gestão das Operações. Nos últimos anos, tem atuado intensamente nos processos de negociação com os *stakeholders* dos negócios. Mentor e apoiador de processos de *turnaorund* de empresas que enfrentam *stress* operacional, financeiro ou estrutural.

Contato
11 94138-0574

*Nos negócios e na vida, você não recebe o que merece,
você conquista o que consegue **negociar.***
Autor desconhecido

Como já abordado nos capítulos anteriores deste livro, no qual meus colegas procuraram explorar com muita propriedade o poder da comunicação em suas várias formas e diversos ambientes, somos convidados, mesmo que involuntariamente, a exercitar o poder da comunicação em nosso cotidiano como instrumento fundamental nas relações interpessoais.

Se considerarmos a comunicação como uma poderosa ferramenta na arte de negociar e tendo em vista que negociamos o tempo todo nos diversos campos de nossa vida, podemos dizer que a **comunicação na negociação** é, sem dúvida, um tema importante a ser aprofundado, dado que pode ser um diferencial de sucesso nesse processo.

Partindo da máxima de que *negociar é a arte de homogeneizar expectativas e interesses entre as partes*, podemos entender que, em um processo de negociação, há uma série de variáveis que devem ser consideradas e estruturadas dentro de um formato de comunicação positiva.

Não importando qual o grau de relevância ou complexidade da negociação, quero dizer, de uma simples negociação sobre a escolha do filme no cinema à negociação entre países sobre conflitos econômicos ou Militares, há um ambiente similar que deve estar sempre na mente do negociador para que a comunicação seja adequada e assertiva (fig.1).

Figura 1. Ambiente de negociação.

Não é minha pretensão aqui abordar as técnicas de negociação, dado que nosso foco é a comunicação nas negociações e, nesse sentido, destaco alguns elementos onde o ambiente de negociação deve ser observado para apoiar no fluxo da comunicação. Vamos então pontuar os elementos relevantes no suporte à comunicação nas negociações.

Domínio do assunto: não é necessário dizer que o domínio do tema que está sendo objeto da negociação é fundamental na assertividade da comunicação. Por maior que seja a habilidade do negociador, sem conhecer bem o que se está negociando, a comunicação fica comprometida e perde seu poder.

Fluxo do poder: no ambiente de negociação há sempre uma escala de poder que influencia no processo e deve ser observado para que a comunicação a ser utilizada considere a influência e a estrutura do poder, do lado do interlocutor e, assim, possa ser direcionada apropriadamente.

Interesse e foco: como descrito, negociar é a arte de homogeneizar expectativas entre partes e, portanto, há interesses que invariavelmente são incompatíveis. Nesse sentido, a comunicação assertiva na negociação passa por entender o grau de interesse do(s) interlocutor(es) e estabelecer o foco na comunicação que possa acomodar as expectativas de ambos na busca do ponto de convergência.

Perfil dos negociadores: sem dúvida, esse é o fator de negociação mais importante para estabelecer uma comunicação positiva que ajude no processo negocial levando em conta o perfil dos interlocutores. É tão importante que merece aprofundarmos um pouco mais sobre esse tema.

É fato que, no ambiente de negociação, há diferente perfis de interlocutores que podem ser classificados em quatro grandes características como: assertivo, persuasivo, estável e detalhista

Perfil do negociador

Negociador assertivo

Características principais/como negociar melhor com esse estilo
- Vai direto ao ponto.
- Foca nos resultados.
- Apresenta argumentos lógicos.
- Usa poder e pressão.
- Verbalize com firmeza e rapidamente. Seja objetivo.
- Entenda o objetivo final do interlocutor.
- Não tente ganhar pela emoção.
- Não demonstre intimidação e aguente a pressão
- Acompanhe sua velocidade de raciocínio.
- Saiba exatamente onde pode ceder.
- Apresente alternativas.
- Crie soluções mutuamente interessantes.

Negociador persuasivo

Características principais/como negociar melhor com esse estilo
- Começa a negociar procurando "quebrar o gelo".
- Procura estabelecer relação pessoal.
- É amigável e cativante.
- Usa emoção para construir seus argumentos.
- Procura demonstrar que sua solução é boa para todos.
- Deixe-o à vontade, permitindo a aproximação.
- Entenda o que é importante para ele.
- Mostre seu lado pessoal, mas não se exponha demasiadamente.
- Faça uma abordagem em termos de resultados concretos e racionais
- Esclareça bem sua posição.

Negociador estável

Características principais/como negociar melhor com esse estilo
- Precisa de tempo para analisar as propostas.

- Usa um estilo calmo e ponderado.
- Precisa estar seguro de que não será prejudicado.
- Hesita em tomar uma decisão final.
- Age de forma sequencial e organizada.
- Sempre que possível, não o apresse.
- Seja cortês e paciente na interação.
- Mostre alternativas de soluções que lhe ofereçam segurança e garantia.
- Apresente seus pontos de forma gradativa e ordenada.

Negociador detalhista

Características principais/como negociar melhor com esse estilo

- Pede sempre embasamento e fundamentação para seus argumentos.
- Interage de forma lógica e sem emoção.
- Deseja sempre considerar opções.
- Segue as normas e procedimentos de seu contexto de trabalho.
- É muito cuidadoso com a documentação pertinente.
- Esteja preparado para fornecer-lhe informações aprofundadas.
- Forneça argumentação técnica e lógica.
- Crie alternativas ao planejar a negociação.
- Entenda claramente as regras que norteiam as ações de seu interlocutor
- Estruture e documente com qualidade sua proposta.

Por que é importante conhecer as características de cada perfil do negociador? Mais ainda, por que é importante também identificar seu perfil como negociador frente ao perfil do interlocutor?

Obviamente não vamos aqui nos aprofundar na ciência que estuda o comportamento humano. Nosso objetivo é tão somente evidenciar que há perfis distintos no processo de negociação conhecer suas características e, sobretudo, identificar esses perfis no processo de negociação, pois permite que o interlocutor estabeleça uma comunicação adequada a cada perfil.

Em um processo de negociação, certamente a comunicação apropriada para um negociador assertivo não é absolutamente eficaz para um negociador detalhista; ao contrário, dado o perfil de cada negociador, o efeito pode ser oposto e a negociação ter um resultado frustrante.

A comunicação é, sem dúvida, um poderoso instrumento a ser utilizado na negociação para direcionar o interlocutor ao resultado que se deseja obter. Para tanto, a comunicação deve seguir um diálogo positivo e construtivo com raciocínio lógico, onde o interlocutor construa os caminhos do cenário que deseja seu interlocutor trilhe. Se esse caminho não for previamente construído por você para levar seu interlocutor ao destino desejado,

148 | Comunicação assertiva

ele criará sua própria rota de raciocínio que invariavelmente pode não ser o almejado.

Uma boa comunicação é indubitavelmente uma fonte fundamental de poder de negociação e, portanto, assegurar uma comunicação contundente, exercitando a empatia ouvindo o interlocutor, demonstrando claramente que o outro lado está sendo exaustivamente ouvido e seus pontos estão sendo considerados de modo a aumentar sua capacidade de persuasão.

Na comunicação em ambiente de negociação, muito mais que usar o poder da oratória, a escuta atenta e as perguntas chaves podem enriquecer seu conhecimento sobre o grau de interesse, sentimentos envolvidos e preocupações do interlocutor, aumentando as chances de obter sucesso na negociação.

Como já abordado em outros capítulos, a comunicação pode ser verbal ou não verbal. Essas 2 formas de comunicação são ferramentas muito poderosas e, se combinadas, trazem um nível de eficácia muito alto no resultado do processo.

Ou seja, a comunicação verbal assertiva leva em conta os fatores já mencionados anteriormente existentes no ambiente de negociação e o perfil do negociador interlocutor, somado ao poder da comunicação não verbal cujo seu entendimento e observância podem trazer muita informação do interlocutor durante o processo de negociação, utilizando ferramentas visuais que direcionam o interlocutor ao caminho que você deseja.

Atualmente, muitos processos negociais não ocorrem de forma presencial, sendo, então, utilizados outros meios como: telefone, e-mail ou meios virtuais com auxílio de vídeos (videoconferência). Esse ambiente de negociação remoto prejudica a qualidade da comunicação, dado que a leitura da expressão facial e corporal do interlocutor não é captada integralmente dificultando a interação entre as partes.

Em casos nos quais não é possível a negociação/comunicação presencial, é muito importante priorizar a comunicação através de ferramentas onde é possível utilizar videoconferência, permitindo extrair, mesmo que à distância, o diálogo não verbal. Caso esse meio visual não possa ser acessado, é interessante captar o máximo de informação por meio do tom de voz do interlocutor, pois há sempre sinais durante o diálogo que permitem minimamente identificar ansiedade, frustração, irritação, impaciência, satisfação etc... que ajudarão muito na condução da comunicação negocial junto ao seu interlocutor.

As pessoas comunicam-se através de 3 canais fundamentais que são: auditivo, visual e sinestésico. Cada indivíduo tem um desses canais mais desenvolvido que os demais; porém, todos os três estão presentes no processo de comunicação e contribuem na percepção e condução da comunicação que te aproxima de seus objetivos.

Marcos Bastos | 149

Pessoas mais auditivas são sensíveis ao conteúdo que ouvem e captam com primazia as informações importantes da comunicação. São pessoas que privilegiam a comunicação oral onde são capazes de extrair as intenções do interlocutor através da entonação de voz, vocabulário etc. As pessoas com Canal visual aguçado fazem uso dessa característica para coletar ou compartilhar as informações mais relevantes através de meios visuais como gráficos, relatórios, fotos, desenhos ou mesmo a maneira como se apresentam ou como notam o visual de seus interlocutores. Os sinestésicos são guiados pelo olfato, tato, paladar, com forte tendência de contato físico para conduzir a comunicação.

Entender os canais de comunicação ajudarão você no processo de negociação, pois irão orientá-lo em como verbalizar suas ideias, como se apresentar, a maneira de portar-se, como estruturar suas intenções para conduzir o processo de negociação de modo a ativar...

Se conciliarmos os conceitos aqui abordados da comunicação assertiva aplicada ao processo de negociação com suas diversas técnicas, aliado ao mapeamento dos diversos perfis e aos canais de comunicação do interlocutor, elevaremos sobremaneira a chance de atingirmos os resultados desejados ao final.

Referências

FISHER, Roger; URY, Willian; PATTON, Bruce. *Como chegar ao SIM*. Rio de Janeiro: Sextante, 1981.

TOMPAKOW, R.; WEIL, P. *O corpo fala*. São Paulo: Vozes, 2015.

VOSS, Chris; RAZ, Tahl. *Negocie como se sua vida dependesse disso*. Rio de Janeiro: Sextante, 2019.

18

O SEGREDO DA ASSERTIVIDADE EM VENDAS

Neste capítulo, você descobrirá como os seus comportamentos podem influenciar pessoas e o ambiente para obter assertividade no processo de comunicação em vendas.

BRUNA GARCIA

Bruna Garcia

Consultora pela FGV, Especialista em vendas e negociação (FIA), MBA em Gestão Empresarial e *Coaching* (FESPSP). Graduada em Negócios Securitários (Unibero-Anhanguera) e *Master Coach* membro da SLAC – Sociedade Latino Americana de Coaching e International Association of Coaching (IAC). Além de certificações de *Leader* e *Team Coach*, analista de inteligência emocional, competências e comportamental emitidas pela SLAC, AC, EMCC, PCA, Atools, Sociedade Internacional de PNL (SIPNL) e corretora de seguros todos os ramos pela Escola de Negócios e Seguros (ENS).

Contatos
bruna.garcia@megaluzz.com.br
LinkedIn: www.linkedin.com/in/garciabruna/
11 94798-9805

Gostaria de começar clarificando alguns conceitos importantes. O primeiro é o de autorresponsabilidade, que é a capacidade racional e emocional de trazer para si toda responsabilidade por tudo que acontece em sua vida, seja pelas suas ações conscientes seja inconscientes, pela qualidade de seus pensamentos, comportamentos e palavras. Seja até mesmo pelas crenças que se permite ter.

Entendendo isso, você torna-se responsável pela condução de qualquer processo de comunicação, sendo líder de si mesmo e responsável pelas suas expressões, formas e atitudes.

O segundo conceito é o de diversidade, pois somos pessoas diferentes umas das outras; cada uma com suas aptidões, maneira de pensar, disposições psíquicas e morais, experiências, crenças e valores; o que faz com que tenhamos formas de ver o mundo e pontos de vista diferentes uns dos outros.

Diante disto, vou definir o processo de comunicação em vendas como negociação. De acordo com o dicionário Michaelis, "negociação é uma conversa que ocorre entre duas ou mais pessoas com o fim de chegar-se a um acordo em um assunto qualquer". É aqui que começa o desafio, pois como duas ou mais pessoas diferentes podem concordar em um assunto qualquer a ponto de você ser a única responsável pela assertividade neste processo de condução?

É sobre isso que nós vamos falar! E por incrível que pareça, as técnicas que vou apresentar também vão ajudá-lo a melhorar sua comunicação nos mais variados tipos de relacionamentos, sejam de ordem pessoal sejam profissional.

O processo de negociação é relacional; vendas é relacionamento. E o primeiro passo para melhorar as relações conosco e com o mundo é conhecermos as diferenças comportamentais humanas.

Estilos comportamentais

Para entender o estilo de cada pessoa e utilizar a comunicação mais adequada, vou abordar rapidamente a fundamentação teórica DISC.

Dedicado aos estudos do comportamento humano, William Moulton Marston publica, em 1928, Emotions of Normal People, e ali apresenta os fundamentos da teoria Disc. Segundo Marston, era possível identificar quatro tipos básicos de respostas comportamentais às emoções, que atualmente conhecemos como: **Dominância (D), Influência (I), Estabilidade (S) e Cautela (C).**

As pessoas são uma combinação desses padrões. Não há padrões bons ou ruins, melhor ou pior. Todos os padrões têm pontos fortes e limitações e podem ser mais ou menos eficazes.

Entre as principais características dos padrões, podemos perceber que as mais marcantes são:

- **Dominante (D):** foco em tarefas, orientado a resultados objetivos, diretos e assertivos.
- **Influente (I):** foco em pessoas, orientado à comunicação, alegre, sorridente e otimista.
- **Estável (S):** foco em harmonização, orientado a rotinas, amável, paciente, persistente.
- **Cauteloso (C):** foco em fatos concretos, orientado a regras, preciso, lógico e cuidadoso.

Apresento, a seguir, mais detalhes sobre a teoria e o modelo DISC por meio de um olhar "interno" ao indivíduo. Dessa forma, observe que, enquanto os padrões "C" e "S" tendem a ser mais reflexivos, introvertidos e moderados, os padrões "D" e "I" possuem um ritmo mais energético, ativo, extrovertido e rápido. Além disso, os padrões "D" e "C" tendem a ser mais questionadores, desafiantes e racionalizados; enquanto os padrões "I" e "S" são mais receptivos, agradáveis e emotivos.

154 | Comunicação assertiva

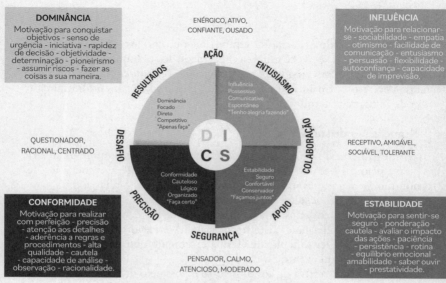

Imagem do relatório DISC da Humans Solutions.

Como reconhecer e diferenciar estilos comportamentais de uma pessoa da outra? Um caminho simples é através da prática. Comece a identificar as características de cada perfil DISC nas pessoas com quem você convive, *treine a escuta atenta, identifique as diferenças e acompanhe os padrões de comportamentos.*

Dia após dia você terá mais facilidade em reconhecer os estilos comportamentais nas pessoas com quem você relaciona-se. Em um determinado momento, a prática vai levá-lo a excelência e a diferenciação vai ocorrer automaticamente. O passo seguinte, após o reconhecimento e diferenciação, é a sua capacidade de conectar-se com o outro por meio de suas ações e reações.

Conectando-se com o outro

Quando você reconhece o perfil comportamental do outro e considera sua cultura geracional, pode alinhar sua comunicação de acordo com a necessidade dele. Isso faz com que o seu poder de influência seja potencializado por intermédio de uma espécie de conexão. Essa conexão nada mais é do que estabelecimento de *rapport* para que a conversa flua com empatia e sintonia.

Para conseguir o engajamento das pessoas, você precisa saber o que elas buscam. Todos nós queremos pertencimento, valorização e recompensa. Comece a persuadir por meio da sua resposta comportamental aos fatos; *"prepare o terreno"* a partir da percepção.

No processo de negociação, temos dois ou mais atores que juntos formam o ambiente. Se você utiliza a capacidade do ser humano de adaptar-se e responde com assertividade, possui o poder de influenciar todos os atores. Você e o outro formam o ambiente; portanto, o seu comportamento pode influenciar o todo.

Negociações de sucesso

Antigamente a negociação era sinônimo de confronto, onde uma parte lutava pelo melhor acordo possível para si. Atualmente a negociação é sinônimo de aliança; as melhores negociações estão no ganha-ganha.

A meta do negociador é mudar a crença do outro, a percepção, a dor, necessidades e atender às expectativas da outra parte. Se o cliente não reconhecer afinidade, não existe negociação. A criação de vínculo é o que ultrapassa qualquer dificuldade. Tenha em mente que a negociação é um processo e não um evento pontual.

Uma forma assertiva de comunicar-se é por meio da sua marca pessoal. Convido-o a refletir e responder para si as seguintes perguntas:

1. Como você gostaria de ser visto(a)?
2. O que é preciso fazer para ser visto(a) desta forma?
3. Como você pode saber se está sendo visto(a) desta maneira?

A partir das suas respostas, encontre um jeito simples de mensurar, entender e acompanhar se você está conseguindo ser visto da maneira que gostaria. Quando entrar em uma negociação, inspire e motive as pessoas ao seu lado.

As pessoas sempre reagem à forma como são apresentados os fatos e não necessariamente à informação dos fatos. Desta forma, a crença gerada a partir da experiência é mais importante do que a experiência em si.

O que você pode fazer para tornar a experiência de quem está ao seu lado inesquecível? *As pessoas não lembram das palavras ditas e sim das emoções vivenciadas em uma conversa.* Você pode usar isso a seu favor. Tente sempre proporcionar emoções positivas ao relacionar-se com as pessoas. Isso te ajudará a ser uma pessoa agradável.

A comunicação eficaz

Você sabia que 93% da nossa comunicação é realizada por meio de linguagem corporal e do nosso tom de voz? A teoria da comunicação 7-38-55, de Albert Mehrabian, mostra-nos como as palavras, a voz e a linguagem corporal devem ser consistentes umas com as outras durante o processo de envio da mensagem. As pessoas dependem mais dos comportamentos para concluir sobre as emoções de outra pessoa do que necessariamente da declaração em si.

Desta maneira, para que a sua negociação seja efetiva e alcance o resultado desejado, é essencial que haja congruência entre seu tom de voz, suas palavras e sua linguagem corporal. *A assertividade está no como você diz e não no o que você diz.*

O peso maior da sua comunicação está na linguagem corporal. O corpo fala e normalmente age de acordo com os nossos sentimentos e emoções. Por este motivo é tão importante o desenvolvimento de inteligência emocional na busca dos comportamentos mais assertivos.

Alta *performance* emocional

Imagine se você alinhar ao processo de comunicação a capacidade em sentir, compreender, controlar e modificar seu comportamento de acordo com o de outra pessoa de forma organizada e adequada às necessidades de cada um e às exigências do ambiente, observando as emoções e reações expressas no comportamento do outro e no seu próprio?

Para essa habilidade usamos o termo inteligência emocional e o primeiro passo para desenvolvê-la é a consciência emocional. Uma pessoa emocionalmente inteligente é aquela que consegue identificar as suas emoções e reconhecer as emoções dos outros com facilidade.

Essa é uma das habilidades do futuro, pois as máquinas não possuem competências emocionais e a capacidade que o ser humano possui de relacionar-se é um diferencial competitivo na negociação.

Costumo dizer que uma comunicação competente exige comportamentos eficientes e um comunicador eficaz faz uso assertivo desta habilidade. *As pessoas preferem negociar com uma pessoa de quem gostam e confiam do que com alguém em que não confiam*, mesmo que a pessoa ofereça um produto ou serviço de melhor qualidade a um preço acessível.

Por isso, começar a desenvolver alta performance emocional vai ajudá-lo a ter relacionamentos produtivos e como bônus a melhoria da sua qualidade de vida, saúde e eficácia na execução dos mais variados planos de ação.

Fechando negócios

Você já deve ter ouvido que as pessoas compram pela emoção e justificam pela razão. Quando nos conectamos com o cliente, excedendo suas expectativas e prestando atenção aos detalhes que são importantes para eles, criamos uma experiência real com conexão emocional, o famoso valor.

Criar valor com assertividade na comunicação não é ir direto ao ponto apenas. A **assertividade** costuma andar de mãos dadas com a agressividade, mas, por outro lado, quem não tenta ser assertivo é passivo demais.

Bruna Garcia | 157

Manter o equilíbrio e abandonar velhas práticas como vencer a negociação na lábia, insistência e manipulação é tão fundamental quanto ter coragem de expor e persuadir com suas ideias. E vale lembrar que também tem a sua hora de saber ouvir e isso é muito mais do que ficar em silêncio.

Dar importância para a fala de outra pessoa é o mínimo que você pode fazer para que ela também te dê atenção. Busque o equilíbrio, monitore seus pensamentos, gerencie suas emoções e tenha comportamentos que te ajudem a gerar resultados positivos e efetivos.

Utilize o ***networking*** para aumentar sua rede de contatos e alavanque os seus negócios relacionando-se com várias pessoas. Atraia pessoas para perto de você. Pessoas apaixonadas pelo profissional que você é divulgam, fidelizam e compram outros produtos e serviços com facilidade.

Estima-se que 85% das nossas decisões são tomadas de maneira inconsciente, e que somente 15% delas sejam decisões realmente conscientes. Por isso não tenha medo nem vergonha de concluir a conversa com uma pergunta de fechamento como, por exemplo:

- Posso enviar o contrato para você assinar?; ou
- Qual o melhor dia para iniciarmos?

Caso você tenha dificuldade em conduzir uma negociação para a conclusão, você também pode utilizar alguns "gatilhos mentais" que funcionam bem como recursos de persuasão para que seu cliente tome uma decisão, por exemplo:

• a possibilidade de o cliente perder os benefícios oferecidos exclusivamente para ele é um **gatilho de escassez.**

• o mesmo senso de escassez acontece em função da perda de benefícios em uma possível demora na tomada de decisão é um **gatilho de urgência.**

• o compromisso moral que o cliente tem em fechar com você é um **gatilho de reciprocidade.**

• a sua propriedade no assunto, histórico e fama que te apontam como melhor decisão de escolha é um **gatilho de autoridade.**

• a validação das pessoas que já compraram de você é uma das formas de minimizar qualquer insegurança que seu cliente tenha é um **gatilho de aprovação social.**

Ensaie, treine e aprenda!

De nada adianta conhecer algumas técnicas e ter as informações necessárias para avançar se não colocar o seu conhecimento em prática. O que difere equipes comerciais de sucesso das demais são as suas atitudes.

Eu realmente espero que você treine e ensaie cada abordagem de acordo com o universo do seu cliente. Uma antiga prática jesuítica diz que "a repetição, com correção, até a exaustão, leva a perfeição!"

O aprendizado acontece com o seu *feedback* interno do processo, reflexão e ajuste na próxima prática. Como você pode melhorar? Aplique a melhoria no próximo cliente e assim por diante. O segredo da assertividade em vendas foi entregue a você, mas para funcionar você precisa aplicar.

Dissemine essa cultura, propague essas técnicas à sua equipe, lidere pelo exemplo e alcance resultados melhores nas suas negociações. Melhore seus relacionamentos pessoais e profissionais. Seu único desafio é decidir quando irá começar.

Referências

HUMAN SOLUTIONS. *Relatório DISC*, 2020.

JENSEN, Kelde. *Intelligence is overrated: what you really need to succeed*. Disponível em: <forbes.com/sites/keldjensen/2012/04/12/intelligence-is-overrated-what-you-really-need-to-succeed/#9bd78a4b6d2c>. Acesso em: 22 de dez. 2020.

MICHAELIS. *Dicionário brasileiro da língua portuguesa*. São Paulo: Melhoramentos. Disponível: em: <michaelis.uol.com.br/moderno-portugues/>. Acesso em: 22 de dez. 2020.

SOCIEDADE LATINO AMERICANA DE COACHING. PCC: Professional Coach Certificattion. SF., 2014.

VIEIRA, Paulo. *Autorresponsabilidade*. Fortaleza: Premius, 2012.

19

COMUNICAÇÃO ESTRATÉGICA ATRAVÉS DO MECANISMO DE AUTORREGULAÇÃO

Fazer parte de um todo maior ter a noção intuitiva de pertencimento. A comunicação verbal não basta, pois o corpo também fala. Autorregulação é estar aberto à mudança por autossugestão, que é o mesmo que avocar para si a autorresponsabilidade de buscar seus sonhos e suas metas através das oportunidades que lhe são oferecidas pela instituição que o acolheu.

FRANKLIN RODRIGUES

Franklin Rodrigues

Master Coach pela SLAC – Sociedade Latino Americana de Coaching, São Paulo, Brasil. Membro da EMCC – European Mentoring & Coaching Council, da IAC – International Association of Coaching, do PCA – Professional Coaching Aliance e da AC – Association of Coaching e da Atools Soluções para Recursos Humanos como Analista DISC, Analista *Assessment* 360º & Analista SEI – *Emotional Intelligence Assessment*. Formação em PNL – Programação Neurolinguística pelo Instituto Logos de Psicologia, Goiânia/Brasil, *Master Coach* instrutor da UNIEF – Universidade Coaching Empreendedora e Financeira, Brasília, Brasil. Formado em Letras/Português com extensão para professor pelas Faculdades Projeção de Brasília/DF, Comissário de voo por 15 anos na extinta Transbrasil S.A. Linhas Aéreas, São Paulo, Brasil.

Contatos
www.thorgrael.com.br
delanofran@gmail.com
61 98191-8200

É importante você ficar atento ao fato de quanto mais forte
for a sua nova mudança da comunicação não verbal,
mais profundos e consistentes serão seus ganhos.
Paulo Vieira, PhD.

Sempre me propus a traçar objetivos definidos e demonstrar que desejava conquistar meu espaço em qualquer área da vida. Fosse essa profissional, com foco numa ascensão vertical, ou no mesmo cargo na horizontal aonde me encontro hoje. Era seguir adiante utilizando meus procedimentos competentes e flexíveis, simples assim. No início eu não tinha o conhecimento que tenho hoje como um profissional experiente, no entanto, tinha coragem. Procurava trabalhar com soluções; resolvia os problemas que apareciam.

Meus procedimentos, ditados pela exigência dos cargos que ocupei em todos esses anos, eram executados com muita atenção, sem desmerecer os manuais internos de procedimentos da instituição. Eu não confundia flexibilidade com apatia ou displicência nas execuções das tarefas.

Numa regência com maestria meus procedimentos eram sempre alinhados aos afazeres do cargo, suas exigências e seus eventos internos ou externos. Trabalhei por 17 anos na Transbrasil S/A Linhas aéreas como comissário de bordo. Inicialmente como *galley* e, quando a mesma veio a falir, em dezembro de 2001, eu já era comissário chefe de voo, inclusive em voos internacionais.

No início da carreira eu gostava de alimentar com soluções o meu dia a dia voando numa aeronave lotada de passageiros, numa jornada de onze horas com seis pousos. Não é fácil manter-se concentrado nos afazeres de um cargo no qual você é o comissário mais novo na função de *galley* (*aquele que recebe todo o catering de bordo e monta todo o serviço que será oferecido aos passageiros em todos os seis pousos e decolagens*). Tudo era responsabilidade; afinal, meu primeiro voo solo foi também o primeiro voo inaugural da companhia na ponte aérea São Paulo – Rio. É certo que recebemos treinamento em terra e instruções em voos, mas o primeiro voo solo é o que conta.

Franklin Rodrigues | 163

Sempre fazemos *brefings* antes de qualquer voo. Toda empresa deveria orientar o seu estratégico a fazê-lo com o operacional. Leva somente dez minutinhos e é um procedimento que traz benefícios: eliminam ruídos na comunicação, geram soluções, alinham melhor os procedimentos para cada função e possibilita delegar tarefas no intuito de selecionar os melhores operacionais que possam assumir cargos estratégicos no futuro.

Voltemos ao meu caso. O primeiro voo foi uma surpresa e tanto e um desafio: foi nele que tive a chance de mostrar àqueles que acreditaram em mim o porquê de eu ter alcançado aquela função, naquele voo inaugural. Nada poderia dar errado, dada a sua importância. Seguimos para a aeronave, um Boeing 737-400, onde teríamos um total de 143 passageiros.

Apesar de este ser o meu primeiro voo, a certeza era de que nada daria errado. Como gosto de trabalhar com soluções e tenho procedimentos flexíveis, competentes e com foco nos resultados, o meu sentimento era o de confiança. Tudo daria certo e, em contrapartida, todos da tripulação e passageiros se beneficiariam; era sentir-se fazendo parte de um todo maior.

Autorizado o embarque, tive que me dirigir à *galley* traseira da aeronave para o recebimento do serviço de bordo. Os procedimentos eram: conferir a quantidade de refeições e bebidas embarcadas, o cardápio, ceia completa de primeira classe na qual deveria estar aquecendo nos fornos antes da decolagem. Montar os *hacks* de bebidas, manter as toalhas quentes e perfumadas, deixar as cestas de *snacks* prontas para que fossem entregues a todos os passageiros – isso tudo feito e checado ainda em solo.

Durante um voo tão curto, 21 minutos, sem contar o tempo de taxiamento, otimizar o tempo era essencial. Tudo correu bem: servimos todos, numa tranquilidade coordenada e mantivemos a elegância, a competência e a simpatia, marcas da empresa.

O que mais aprendi após esse voo? Que através dos meus procedimentos posso comunicar-me assertivamente, analisando responsavelmente quais mudanças seriam necessárias para que um comportamento possa ser usado de forma a chamar a atenção do estratégico e dos operacionais numa comunicação corporal que demonstra o quanto você está comprometido com os ideais e a cultura da instituição; o que, em termos mais técnicos, podemos tratar como um processo de autorregulação por autossugestão individual.

A autorregulação trabalha dados sobre nossas decisões; dão-nos uma intuição do que está correto e do que está mal. É uma espécie de barômetro para o nosso comportamento que analisa os custos e os benefícios de uma decisão. É usar inteligentemente as emoções na tomada de decisões, levando em conta as consequências de nossos atos e as pessoas envolvidas neles.

Consiste em construir a autogestão e o autodirecionamento, mantendo-se focado em eleger, conscientemente, seus pensamentos, emoções e ações. Essa habilidade permite-nos examinar as consequências de nossas escolhas

164 | Comunicação assertiva

e a relação de causa e consequência das mesmas. É a chave para gerenciar nossos impulsos e atuar intencionalmente em lugar de reagir.

A autorregulação é individual e deve ser colocada em prática diariamente; deve ser executada com perfeição tanto pelo estratégico quanto pelo operacional. Esses procedimentos intuitivos e bem executados geraram lucro pela sua eficiência num processo natural de causa e efeito.

O que importa mesmo é que a empresa deve adaptar-se a essa mudança comportamental pelos seus *modos operandi* e pela sua personalidade, pelo que produz; comunicar-se de acordo com os objetivos e projetos futuros que almeja, deixando claro que o fator mais importante é a mudança de hábito dos indivíduos que a integram.

Toda essa autorregulação através da comunicação corporal intuitiva e por autossugestão empreendida de cada indivíduo, gera interesse nos demais operacionais. Eles passam a observar as mudanças e querem aprender.

O indivíduo comprometido com autorregulação passa a chamar a atenção e os outros passam a imitá-lo. Essa comunicação intuitiva tem de ser transformada e empreendida como uma cultura da empresa. Por isso a importância do *briefing* transformado em comunicação assertiva para todo o sempre.

Essa cultura/consciência coletiva deve ser iniciada pelo ato de comunicar-se bem e elegantemente; mostrar aos operacionais que algo está em processo de mudança e isso não será sofrível.

O programa de autorregulação deve ter um cronograma comum para todos os setores. Para o sucesso do programa, todos os colaboradores deverão participar do *briefing* logo no início da jornada, aonde o foco é que todos possam dar sugestões e tomar decisões assertivas sobre os procedimentos, metas e resultados a serem alcançados, gerando alta *performance* e engajamento de todos. É importante sistematizar as informações, seja com anotações manuais seja em alguns sistemas predefinidos – se os houver.

Atenção à forma como está sendo conduzido esse primeiro passo do dia. A comunicação deve ser clara, direta, confiante e envolvente. No final de cada jornada de trabalho, os *feedbacks* de desenvolvimento e de correção devem ser realizados para que o colaborador possa minimizar erros, ajustar ou aprimorar a sua conduta e *performance* corporal na jornada do dia seguinte.

Realizar *feedbacks* contribui para que a gestão estratégica possa delegar com assertividade de acordo com as competências, algo maior para o operacional, para que ele se sinta valorizado e reconhecido. É poder alinhar os procedimentos futuros informando que "amanhã" poderão ter a chance de executar procedimentos que representem uma postura mais desafiadora.

Para ajudar o leitor a compreender melhor como reconhecer os procedimentos mais comuns aos indivíduos e como produzem as suas ações comportamentais, sem que, ainda, tenham sido expostos à cultura de autorregulação, é bom saber que geralmente nossas ações são inconscientes e repetitivas e causam um estresse que, de certo modo, atrapalha um bom resultado final.

Deve-se empreender que tudo pode ser mudado através da disponibilidade de autossugestão: quando o indivíduo aceita passar pelo processo; avoca para si o direito de mudança e comunica-se consigo mesmo, equilibrando seus pensamentos (consciente e inconsciente), regulando/equilibrando suas emoções, trabalhando mais tranquilo e com decisões mais independentes.

Ele deverá entender o processo e ter orgulho de seu grande feito para que possa, após um dia de trabalho, descansar tranquilo na certeza de que não deixou nenhuma pendência para o dia seguinte. Assim, o operacional estará comunicando ao estratégico que ele pertence àquela empresa e está comprometido com os resultados finais.

Essa comunicação através da autorregulação, aliada à autossugestão e à autorresponsabilidade como procedimentos comportamentais empreendidos, de maneira perceptível, fará do operacional um comunicador comprometido com as metas da empresa. Sendo assim, sabe-se a quem deve ser dada a chance de ascensão vertical, por isso a importância de anotar-se para não se perder as informações sobre um bom profissional.

Quando o operacional compreende a importância de uma mudança de comportamento por autorregulação, estará expandindo seu leque de procedimentos e, *a posteriori*, valorando às diretrizes do cargo ou o desempenho na função. Com o passar do tempo, perceberá as vantagens de ter entendido o significado desse comportamento estratégico e o porquê de colocá-lo em prática; estará autorregulando-se permanentemente. Terá a sua autoimagem remodelada, tendo como efeito mais saúde psíquica e processos mentais mais tranquilos e flexíveis.

Essa percepção é o início e a otimização de uma *performance* cognitiva e corporal que alimenta a boa postura e a saúde laboral. Agirá de forma mais segura e consciente na execução de tarefas. São os seus *procedimentos elegantes*, sem esbaforimos com confiança. Estes fazem um ambiente de trabalho não ser a loucura de uma bolsa de valores num dia de *crash*. Em virtude disso, terá mais desenvolvimento mental e ampliação de pensamentos estratégicos por conta, sem se desviar dos resultados pretendidos.

Claro que uma comunicação estratégica assertiva com foco na autorregulação empreendida por mais de um colaborador gera processos mentais e cognitivos que facilitam a comunicação no apoio mútuo de uma forma mais saudável. Há uma melhora significativa nos relacionamentos, a elegância instala-se nos setores e há melhoras na concentração, nas decisões autoconscientes, no foco em bons resultados, na empatia e na autoestima dos operacionais, principalmente: ter a sensação e a certeza empreendida de que tudo sempre dará certo para a instituição, para o estratégico e para

166 | Comunicação assertiva

os clientes. É sentir-se como parte de algo maior com o propósito de alcançar metas e sonhos. Afinal, todos somos parte de um só sistema.

Referências

CALZON, Ian; LANGERSTRON, Tomas. *A hora da verdade*. Rio de Janeiro: Sextante, 2005.

GOLEMAN, Daniel. *Foco: a atenção e seu papel fundamental para o sucesso*. Rio de Janeiro: Objetiva, 2013.

HILL, Napoleon. *A escada para o triunfo*. Citadel, 2016.

MALTZ, Maxwell M.D. *Psico-cibernética*. BN Publishing, 2014.

SOCIEDADE LATINO AMERICANA DE COACHING. *Manual Professional Master Coach Certification*. São Paulo, 2014.

VIEIRA, Paulo. *O poder da ação: faça sua vida ideal sair do papel*. São Paulo: Gente, 2015.

20

ABORDAGEM COLABORATIVA
Transformando os modelos de comunicação através da tecnologia da informação

Neste capítulo, os leitores encontrarão experiências profissionais de um ambiente colaborativo que influencia e transforma os modelos de comunicação de projetos e demandas da área de Tecnologia da Informação.

CARLOS NANTES

Carlos Nantes

Graduado em Tecnologia de Proc. de Dados, UNIDERP, Pós-graduado em Novas Tecnologias de Redes para Computadores, UCDB, MBA - Controladoria e Gestão Estratégica, PUC, MBA - Gestão de Projetos, UNICESUMAR. Certificações em: PDC- *Professional DISC, SLAC, Life & Professional Coach* (PCC) – SLAC, Lean Six Sigma Green Belt, SETA, PLCC - *Professional Leader Coach*, SLAC, Dale Carnegie Methods, DALE CARNEGIE TRAINING. Carreira profissional na área de Tecnologia atuando em cargos técnicos, liderança e gestão nas empresas: Cooagri, Frigorífico Matel, Friboi, JBS S/A, Florestal Brasil e Eldorado Brasil Celulose S/A, onde atualmente é Coordenador de Telecom e responsável pelas áreas de *Service Desk, Field Service*, Segundo Nível, Telecom e Business Partner dos projetos industriais. Tem como *hobby* a corrida de rua, participando do grupo Runners Pró Saúde de Três Lagoas.

Contatos
LinkedIn: www.linkedin.com/in/carlosnantes
Instagram: @carlos.nantes

Para inovar e ter êxito, a nova colaboração em massa precisa se tornar parte do roteiro e do léxico de todos os líderes. Aprender como interagir e criar em conjunto com um grupo mutante de parceiros auto-organizados está se tornando uma habilidade essencial.
Don Tapscott & Anthony D. Williams

O sucesso deste projeto que embarco a partir deste momento passa por um ambiente colaborativo que depende exclusivamente de pessoas. Não adianta mudar os processos, as rotinas e procedimentos se as pessoas não estiverem dispostas a colaborar e a embarcar nesta onda.

O *colaborar* é um ato em conjunto; é o que envolve, auxilia, ajuda, coopera e, nesse sentido, as ferramentas e formas de colaboração passam a ditar as regras na forma como as informações, os projetos, as demandas e os sistemas são desenvolvidos.

A colaboração em massa está transformando o modo como bens e serviços são criados em toda a economia e agora está se tornando uma força crescente nos locais de trabalho. Essa economia hipercompetitiva interliga-se às novas tecnologias e à *Geração Net (conhecidos também como Y ou Millennials)*, levando mais empresas a prestarem atenção aos princípios de abertura, *peering (esforço colaborativo)*, compartilhamento e ação global.

A colaboração em massa foi difundida e ampliada através da forma de comunicação que atualmente estamos consumindo com o uso de recursos tecnológicos e midiáticos, como blogs, mídias sociais, aplicativos de mobilidade, de colaboração e os conteúdos disponibilizados e armazenados em nuvem.

A partir deste movimento amplo de colaboração, há diversos desafios para empresas e seus gestores: como criar um novo ambiente colaborativo para atrair e reter talentos da Geração Net? Como inserir esses profissionais em ambientes de ampla colaboração sem perder a segurança da informação? Como manter esses profissionais dentro do contexto de uma empresa com suas regras internas de auditorias e modelos formais necessários para atender às legislações do país/cidade/região onde estão inseridos? Como não "travar" a inovação da Geração NET e permitir que eles possam colaborar e propor novas ideias?

Nesse contexto, surgem alguns desafios para líderes, empresários e governos, como: proteção da capacidade intelectual, como manter a vantagem competitiva e como se adequar a um ambiente de ampla colaboração adequando os espaços para abrigar as várias gerações.

Vencidos os desafios, as empresas passam a vivenciar o novo modelo global de negócios e a incentivar e estimular o trabalho cooperativo através de projetos de grandes magnitudes utilizando ferramentas *online* e criando grupos multidisciplinares, grupos multiempresas (até concorrentes ferrenhos unem-se) com o objetivo de usufruir dos benefícios da colaboração em massa.

Um dos exemplos atuais, é a busca frenética da Medicina pelo desenvolvimento de uma solução no combate a diversas doenças, como é o caso da Covid-19. Está em plena vigência uma rede mundial formada por pesquisadores, mestres, doutores, universidades, laboratórios e especialistas para compreensão e desenvolvimento da vacina/remédio para conter o crescimento do vírus.

É comum ouvir algo do tipo: *"ninguém é uma ilha para viver isolado"* ou *"isolado não chegaremos ao resultado esperado"*. Essas reflexões demonstram o quanto o processo colaborativo é essencial para alcançar resultados e que não é preciso estar fisicamente em um grupo para colaborar e sim que esteja presente através de algum recurso tecnológico onde ocorra a interação, colaboração e compartilhamento do conhecimento. Compartilhar conhecimento é uma via de mão dupla, pois a informação passa a não ser mais do indivíduo detentor daquele "saber" e sim de um grupo.

As empresas e profissionais que incorporarem essas ideias a seus locais de trabalho criarão organizações competitivas que elevarão as capacidades internas e externas com mais eficácia e eficiência. A comunicação eficaz criará uma ponte entre as diversas partes interessadas cujas diferenças, em geral, terão um impacto ou influência sobre a execução ou resultado do projeto; portanto, é vital que todas as comunicações sejam claras e concisas.

Nem tudo na colaboração é uma maravilha, pois as empresas, ao mesmo tempo em que incentivam a colaboração em massa, passam a viver um dilema relacionados à posse e à exploração da propriedade intelectual, podendo tornar as colaborações de propriedade exclusiva difíceis. Os participantes podem ter problemas para definir claramente os limites das suas contribuições intelectuais, preocupações com a divulgação pública de informações de propriedade exclusiva e disputas sobre futuros direitos de patente podem criar atrito.

É para evitar esses problemas que um número cada vez maior de empresas está adotando modelos abertos de inovação colaborativa e definindo os limites de atuação de um de seus membros durante as fases do processo de colaboração.

Na área de Tecnologia da Informação, compreendemos que a comunicação é o processo de troca de informações, intencionais ou involuntárias, entre pessoas e/ou grupos. Comunicações descrevem os meios pelos quais as informações podem ser enviadas ou recebidas por meio de atividades como reuniões e apresentações ou artefatos, como e-mail, mídia social, relatórios de projeto ou a documentação do projeto.

O meu gosto pela inovação, mudança constante, novas tecnologias e interatividade, fez com que eu buscasse experimentar diversas guinadas em minha vida profissional. E, assim, ao longo da carreira profissional, fiz diversas viradas. A primeira foi sair de office boy (administrativo) para a área de TI iniciando como estagiário e terminando como Analista de Sistemas no ramo agrícola. A segunda foi ingressar em um escritório de engenharia (administrativo) e mudar para a área de frigoríficos (ambiente de Tecnologia da Informação e industrial) e com um agravante: iniciei sem conhecer uma vírgula do segmento e do processo industrial.

Depois de mais de 12 anos no ramo de frigorífico, passei a atuar no ramo de Silvicultura e Celulose. Seguindo a sugestão do meu superior, fizemos um processo de imersão rápida (conhecendo o processo na sua origem passando por todos os caminhos até chegar ao seu destino final, que é a produção). Este processo foi vital para entender e compreender todas as etapas envolvidas neste segmento.

Esse alinhamento às estratégias do negócio trouxe uma visão ampla (processo do início ao fim) para as atividades diárias, projetos e demandas. Porém, para que a cooperação fosse fomentada e todos pudessem colaborar disseminando o conhecimento, foi necessário atentar-se a alguns princípios e ações que deveriam ser repetidas constantemente:

- "Despir-se do eu" e passar a fomentar "o Nosso".
- "O conhecimento não é meu" e sim "o conhecimento é nosso".
- "Eu posso" e passar a usar "Nós podemos".
- "Esta solução é minha" e sim essa "A solução é nossa".
- "Este item não é meu" e sim "Devemos avaliar em conjunto esse item".
- "Algo parou e não é minha responsabilidade" e sim "Vamos avaliar em conjunto esse item que parou e encontrar a solução juntos".
- "Este projeto que estou construindo..." e sim "O nosso projeto".
- Não fui eu quem fiz" e sim "Quem de nós deixou de fazer".

Os exemplos demonstram que a forma como nos comunicamos exerce influência direta no nosso comportamento. Em uma gestão colaborativa é essencial uma comunicação assertiva e ativa nas tomadas de decisões coletivas, pois um dos grandes desafios de processos, projetos e organizações é o trabalho para reduzir o atrito ocasionado quando trabalhamos em ambientes de colaboração.

Com o ambiente de colaboração iniciado e ao longo da minha atuação profissional, através de constantes *feedbacks* (realizados em processos de avaliação de desempenho e por subordinados nas reuniões), identifiquei a necessidade de buscar um conhecimento melhor sobre os meus traços comportamentais e em como gerir melhor o desenvolvimento das minhas habilidades e da equipe. Desta forma, participei de treinamentos de certificações em *coach* na SLAC, aonde pude aprender a metodologia, sua aplicação e principalmente potencializar as habilidades dos liderados.

Esse desafio de melhoria é constante. E não contente, ainda busquei novas técnicas de como relacionar-me melhor com as pessoas através de novos treinamentos voltados para o relacionamento com pessoas.

Para fortalecer ainda mais as formas de comunicação entre líder e liderado, adotei alguns princípios básicos diariamente:

- foco na atividade fim;
- disciplina para finalizar atividades, projetos e demandas;
- planejamento diário;
- foco na solução e não mais no problema;
- trocar a palavra "problema" por desafio;
- sozinho e sem o compartilhamento do conhecimento não se poderia atingir os objetivos e metas da empresa. Foi necessária uma aproximação maior com todos os colaboradores da equipe;
- deixar claro aonde cada um poderia atuar; suas habilidades e desafios para atingir um melhor posicionamento profissional.

Além dessas ações junto à equipe, passei a prestar atenção nos meus comportamentos, ações e formas de atuar junto a clientes, fornecedores e liderados, adotando ações como:

- *ser claro*. Transmitir as informações sempre com exemplos e de forma imediata;
- *ser direto*. Não fazer "rodeios" para transmitir o que precisa ser transmitido e, principalmente, não deixar nada para depois. Se é necessário fazer entender, que seja feito no momento certo, no local certo e de forma direta;

174 | Comunicação assertiva

- *ser transparente.* A comunicação necessária tem que ser verdadeira, concisa e transmitida da forma em que é necessária. É interessante notar que os liderados passam a confiar mais no líder quando ele, de forma transparente, traz a comunicação necessária à equipe;
- *buscar e propiciar um ambiente leve,* descontraído e participativo sem perder o comprometimento com os objetivos da liderança;
- *busca de melhores práticas de liderança.* Foi necessário imergir na busca do conhecimento através de cursos, paletas, leituras diárias e compartilhamento de informações com colegas;
- *desenvolver mais o lado humano em detrimento ao técnico.* Quanto mais humano e mais próximo das pessoas, a comunicação começou a ser mais colaborativa e eficaz;
- *feedback constantes.* Não somente o fato de dar o *feedback* e sim o fato de estar aberto a recebê-lo;
- *utilização de técnicas de amortecimento.* A melhor forma de evitar uma discussão é evitando-a;
- *admitir erro.* Não ter medo de errar e, se o erro acontecer, não fugir de assumi-lo.

Portanto, um ambiente colaborativo é fruto de organização, às vezes planejado ou não, com utilização de técnicas e ferramentas, digitais ou analógicas. Contudo, a mais importante ferramenta para que a comunicação possa permear no ambiente colaborativo e com apoio da tecnologia chama-se pessoas. Sem as pessoas, sem o engajamento, sem o comprometimento necessário nada pode acontecer e nada terá sucesso. Envolva pessoas, busque sua participação, ouça as necessidades delas, dê importância e, com certeza, terá um ambiente colaborativo, inovador e de grande sucesso.

Referências

CARNEGIE, Dale. *Como fazer amigos e influenciar pessoas.* 52. ed. São Paulo: Nacional, 2012.

PROJECT MANAGEMENT INSTITUTE. *Um Guia do conhecimento em Gerenciamento de Projetos (Guia PMBOK).* 6. ed., 2017.

ROBBINS, Tony. *Desperte o seu gigante interior: como assumir o controle de sua vida.* Tradução Haroldo Netto e Pinheiro de Lemos. 4. ed. Rio de Janeiro: BestSeller, 2019.

TAPSCOTT, Don; WILLIAMS, Anthony. D. *Wikinomics: como a colaboração em massa pode mudar o seu negócio.* Tradução de Marcello Lino. Rio de Janeiro: Nova Fronteira, 2007.

21

COMUNICAÇÃO ASSERTIVA NO PROCESSO DE *COACHING*

O objetivo é apresentar a comunicação assertiva no processo de *coaching*, em especial nas sessões entre o *coach* (profissional) e o *coachee* (cliente). Você verá como o desenrolar da verbalização exprimida pelo *coachee* (cliente) é fundamental para que o *coach* possa auxiliá-lo no processo de encontrar em si mesmo as respostas que necessita para o seu desenvolvimento.

ALEXANDRE NARCISO

Alexandre Narciso

Master Coach certificado pela SLAC (Sociedade Latino Americana de Coaching) e membro da PCA – Professional Coaching Alliance, *Coach* executivo e *Life Coach* pelo Integrated Coaching Institute. Analista Comportamental e de inteligência emocional. *Practitioner* em Programação Neurolinguística pelo INAp (Instituto de Neurolinguística Aplicada). Formado em Psicanálise e Espiritualidade pelo Espaço Humanidade. Graduado e pós-graduado em Administração e MBA em Recursos Humanos pela FGV-RJ. Pós-graduando em Psicologia Junguiana pelo IJEP. Atuação por mais de 15 anos no meio corporativo no ramo de Seguros e realização de treinamentos em diversas instituições como Banco do Brasil, Santander e Caixa Econômica. Oficial da Força Aérea Brasileira.

Contatos
ansnarciso1978@gmail.com
Facebook: Alexandre Narciso
Instagram: @psicanalista_coach
21 99213-4909

Você pode saber o que disse, mas nunca o que o outro escutou.
Jacques Lacan

Comunicar-se assertivamente consiste em ter a capacidade de expressar-se aberta e honestamente, de forma clara e direta, sem negar a própria essência, a sua maneira de ser, com respeito aos outros, fazendo com que saibam exatamente o que deseja ou precisa sem tentar dominar, rebaixar ou insultar o próximo. Ser direto não consiste em ser grosseiro, muito menos frio ou rude.

Por ser trata de algo tão presente no nosso cotidiano, tão habitual como a respiração que realizamos a cada segundo do dia, a comunicação está presente em tudo que fazemos, mas nem sempre ela é realizada da forma correta, de maneira eficaz. Podemos dizer que ela é um dos principais motivos de brigas, desafetos, separações.

Este problema impacta de forma brutal o gerenciamento dos recursos humanos em uma organização. Quem nunca escutou "isso é um problema de comunicação", "a comunicação não foi clara", "foi um ruído de comunicação", o dito popular "quem não se comunica se trumbica".

Em nossos relacionamentos com a sociedade, seja no núcleo familiar, social, profissional seja em uma sessão de *coaching*, comunicar-se com qualidade é pré-requisito para a otimização de tempo, clareza de objetivos, alinhamento de expectativas e integração.

Segundo Sulivan França:

> é essencial ter em mente que comunicação não é apenas a emissão de mensagens - a comunicação se dá por completa a partir do entendimento do outro. Aí que entra a Comunicação Assertiva como aliada: a arte de transmitir ideias de forma concisa, ou seja, 'ir direto ao ponto', mesmo quando há potencial para discordância.

Alexandre Narciso | 179

Estrutura de linguagem

> Toda palavra tem sempre um mais além, sustenta muitas funções, envolve muitos sentidos. Atrás do que diz um discurso, há o que ele quer dizer, e atrás do que ele quer dizer, há um outro querer dizer, e nada será nunca esgotado (LACAN, 1979, p.275)

Segundo Ferdinand Saussure, precursor dos estudos acerca dos fatos da linguagem e criador do primeiro curso de Linguística Geral, a linguagem diferencia-se da língua e da fala. Saussure vai nos dizer que:

- linguagem é qualquer sistema de sinais ou signos, sejam estes de natureza verbal ou não, em que dois seres comunicam-se entre si;
- língua é a representação de um sistema de signos convencionais usados por membros de uma determinada comunidade, por exemplo, a Língua Portuguesa;
- fala é considerada como um ato individual, pertencendo a cada indivíduo que a utiliza.

Para Saussure, signo linguístico é a composição de duas facetas básicas: significado e significante, sendo o *significado* o conceito da palavra verbalizada e *significante* a representação interpretativa que o indivíduo tem. Por exemplo, a palavra casa:

Significado: Conceito de casa – moradia, abrigo, a qual equivale a um espaço construído cuja a função é abrigá-lo e protegê-lo.

Significante: A representação interpretativa que é despertada no indivíduo pela palavra casa. Casa de praia, apartamento, cobertura, casa de campo, casa da árvore etc.

Lacan destaca que os psicanalistas necessitam ter o cuidado na interpretação da verbalização do cliente e que a todo instante é necessário realizar a devolutiva para o seu cliente do que ele está falando e qual a representação interpretativa que ele tem sobre aquela fala.

Este processo de devolutiva também é fundamental dentro do processo de *coaching*. Então quer dizer que *coaching* e psicanálise são iguais? Evidentemente que não! Mas possuem algumas características em comum, como a **escuta ativa**, assim como o processo de *coaching* usufrui-se de métodos socráticos, tal qual a maiêutica.

Maiêutica

O grego Sócrates, um dos maiores pensadores de todos os tempos, costumava reunir seus discípulos na Ágora, antigo mercado de Atenas, para discutir as questões da existência humana. Ele nunca escreveu uma única linha. Tudo que sabemos sobre suas obras foram escritas por seu discípulo Platão.

E, segundo os escritos de Platão, o método de Sócrates resumia-se a propor temas, instigar ideias com perguntas, propor contrariedade, ouvir o que seus discípulos diziam e, ao mesmo tempo, ensinar e aprender com eles.

Todo esse processo tinha o objetivo de desenvolver as pessoas à sua volta. Sócrates acreditava e buscava o conhecimento que estava dentro de cada um. A este método deu-se o nome de **Maiêutica** (o ato de dar luz às próprias ideias).

> A minha arte obstétrica tem atribuições iguais às das parteiras, com a diferença de eu não partejar mulher, porém homens, e de acompanhar as almas, não os corpos, em seu trabalho de parto. Entretanto, a grande superioridade da minha arte consiste na faculdade de conhecer de pronto se o que a alma dos jovens está na iminência de conceber é alguma quimera e falsidade ou fruto legítimo e verdadeiro" (Platão, Teeteto, 150 b-c).

Depois de mais 2500 anos, o método socrático apresenta-se como um dos principais alicerces do processo de *coaching*, cujo o papel do *coach* é auxiliar o seu *coachee* a atingir os seus resultados; levá-lo do estado atual para o estado desejado. Não trata de investigar o passado e sim do agora para frente. Este auxílio é muito embasado na capacidade de fazer com que o *coachee* encontre as próprias respostas às suas perguntas.

Compreenda

> *O entendimento acha o que há, a vontade acha o que quer.*
> Padre Antônio Vieira

É importante que o *coach* compreenda perfeitamente os objetivos desejados pelo seu *coachee*. É necessário que este seja explícito e não tácito. Não cabe ao coach durante as sessões deduzir, inferir ou sugerir algo ao seu cliente. Cabe ao *coach* a escuta ativa e ser capaz de desemaranhar o discurso do seu *coachee* e devolvê-lo de modo que o mesmo possa refletir sobre as suas palavras e com isso alcançar as próprias respostas.

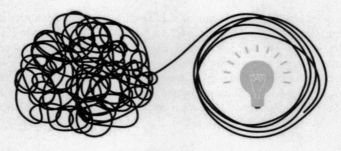

Figura 1 - Desentrelaçar.
Fonte: Shutterstock (2020)

Para que se possa realizar uma devolutiva em que o *coachee* possa ser capaz de interiorizá-la, é fundamental que o *coach* tenha a sensibilidade de retornar, através de perguntas, o próprio discurso utilizado pelo *coachee*. Com isso ambos demonstrarão alinhamento.

Até mesmo a utilização de palavras sinônimas pode levar a outro raciocínio, diferentemente do iniciado e desejado pelo seu cliente. Portanto, é necessário que o *coach,* no processo de comunicação com o seu *coachee* (cliente), abstraia os seus referenciais e possa ser capaz de direcionar e coatuar junto ao *coachee* no seu próprio referencial.

Resgatando o tema central deste livro, a comunicação assertiva, é parte básica no processo de diálogo nas sessões de *coaching* presumir que o cliente esteja compreendendo tudo o que está sendo replicado baseado no discurso verbalizado pelo mesmo. É muito comum e pode gerar muitos erros e mal-entendidos, que podem culminar com afastamento ou a sua perda no processo de engajamento no alcance dos seus objetivos.

É dever do *coach* zelar para que a comunicação com o seu cliente flua da forma mais natural, cômoda e sadia para o seu cliente. Discursos realizados através de palavras "grávidas" (entenda-se por palavras grávidas aquelas que dão margem à diferentes interpretações); devem ser detalhadas e ressignificadas para algo específico, que permita ao cliente ter clareza do que se quer ou do que se busca.

O *coach* não precisa ser um especialista na área de atuação em que o seu cliente deseja desenvolver-se e/ou alcançar, mas precisa ter o discernimento para extrair o máximo do potencial do seu cliente.

Por meio de diversas técnicas, instrumentos e ferramentas, o *coach* é capaz de auxiliar seu *coachee* a alcançar seus objetivos com foco no aumento da sua habilidade, diminuição de suas interferências internas (crenças limitantes, autossabotagem), revisão de valores, pensamento e comportamentos.

Desta maneira, é possível mostrar para o *coachee* que dá para alcançar o estado desejado. O acompanhamento durante o processo de *coaching* evita que o *coachee* perca o foco do seu objetivo. As metas traçadas durante as sessões validam se o transcorrer do processo está de encontro com o desejado.

As chamadas *perguntas poderosas* são um dos melhores instrumentos para otimizar os outros, fazendo com que reflitam sobre suas ações e pensamentos, redirecionando-os ao objetivo.

Para que os *coaches* ofereçam aos clientes as informações necessárias para fazer escolhas positivas, eles precisam ajudar o cliente a entender melhor a situação, comunicando-os de forma assertiva. E é aí que as perguntas poderosas são inestimáveis. Elas nos ajudam a pintar melhores imagens de qualquer situação e permitem-nos a liberdade de explorar o que realmente está acontecendo.

Fazer perguntas eleva a relação entre *coach* e cliente. Quando os clientes são questionados sobre algo tão simples como "porquê", os *coaches* os desafiam a avaliar seus próprios sentimentos e pensamentos e chegar a conclusões por conta própria. Essa abordagem de *coaching* é poderosa por vários motivos:

- **aumenta a confiança** - algumas pessoas já sabem o que precisam fazer. Essas pessoas geralmente não precisam de treinamento. Outros podem precisar dessa segurança extra para sair da zona de conforto e tomar a decisão certa. Quando o *coach* faz perguntas, ele está indicando que tem confiança nas habilidades de avaliação pessoal do seu cliente, sendo esse o impulso extra necessário para avançar;

- **cria uma sensação de "adesão"** - as pessoas estão mais motivadas a implementar soluções e planos de ação que surgem, mas sentem que foram validadas por outra pessoa. Quando o *coach* pede ao seu cliente que apresente uma solução, é mais provável que o cliente aja nessa solução do que em uma solução que o *coach* simplesmente prescreveu. Além disso, as soluções dos clientes costumam ser as mais ideais, porque o cliente é o mais próximo do problema;

- **cria um vínculo emocional** - ninguém gosta de sentir que está sendo ignorado ou que seus pontos de vista e opiniões não são valorizados. Fazer perguntas indica que o *coach* está ouvindo e isso ajuda a criar um vínculo poderoso e a criar confiança. Quando o cliente confia em seu *coach,* naturalmente se sentirá mais motivado;

- **fazer as perguntas certas** – perguntas poderosas são uma arte. Elas nascem de uma curiosidade genuína. Não basta procurar a resposta que deseja, pois pode estar negligenciando algo importante. Perguntas poderosas exigem tempo e reflexão para serem respondidas. Elas significam ir além das perguntas fechadas; manifestam dados que antes eram invisíveis, tornando suas respostas um despertar da consciência e, com isso, mais fácil o caminho a ser alcançado.

O processo de comunicação não está completo, a menos que você saiba que as pessoas estão compreendendo. Para garantir sua compreensão, peça que eles lhes digam o que pensam. A comunicação é bem-sucedida somente quando você ouve o ecoar dos seus pensamentos (FOURNIES, 2000).

Referências

FOURNIES, Ferdinand F. *Coaching for improved work performance*. MC-Graw-Hill, 2000.

FRANÇA, Sulivan. *Comunicação assertiva e ferramentas comportamentais*. SLAC (Sociedade Latino Americana de Coaching), 2019. Disponível em: <slacoaching.com.br/artigos-do-presidente/comunicacao-assertiva-e-fer-ramentas-comportamentais>. Acesso em: 30 de abr. de 2020.

LACAN, Jacques. *O seminário - Livro 1: Os escritos técnicos de Freud*. Rio de Janeiro: Zahar, 1979.

ROSSELLINI, Roberto (diretor). *Sócrates* (filme). Drama, Espanha/Itália/França, 1971, 120min.

SÓCRATES. *Maiêutica*. Filosofia Seed, 2019. Disponível em: <filosofia. seed.pr.gov.br/modules/video/showVideo.php?video=11724>. Acesso em: 1 de mai. de 2020.

22

COMUNICAÇÃO ASSERTIVA E SAÚDE DO SERVIDOR NA JUSTIÇA LABORAL

A linguagem assertiva revela-se como importante ferramenta dentro das relações do poder judiciário trabalhista a fim de diminuir as dificuldades encontradas pelos seus membros ao desempenho de suas atividades e entrega jurisdicional à sociedade. Aqui, procuro trazer um pouco dos óbices encontrados, visando uma ação mais positiva a partir do uso da linguagem assertiva no meio jurídico.

ACÁCIO SANTOS

Acácio Santos

Servidor Público Federal da Justiça do Trabalho atuando como Chefe de Gabinete no TRT da 2ª Região, Bacharel em Direito aprovado no exame de Ordem, Mestrando em Direito da Saúde na Universidade Santa Cecília – UNISANTA, Pós-graduado em Língua Portuguesa e Produção de Textos, *Professional Coach Certification* pelo European Mentoring & Coaching Council (EMCC), Palestrante e Instrutor com diversos cursos em Gestão de Pessoas e Liderança.

Contatos
alimasss@gmail.com
acacio22academico@gmail.com
LinkedIn: www.linkedin.com/in/acácio-santos-8a1b853b

A vossa palavra seja sempre agradável, temperada com sal,
para saberdes como deveis responder a cada um.
Carta do Apóstolo Paulo aos Colossenses, cap. 4 verso 6.

A ideia por trás do texto acima transcende qualquer aspecto religioso que alguém possa inferir-lhe, posto que esta se encontra inserta nos mais variados textos escritos ao longo da história humana como, por exemplo, a frase do historiador Tácito que assim se pronunciou:

A sinceridade e a generosidade, se não forem temperadas com moderação, conduzem infalivelmente à ruína.

Por razões didáticas, aprecio mais o texto bíblico, pela extração mais ampla da sua exegese, que permeia não só a questão referente à linguagem temperada, mas igualmente a necessidade de "saber" (conhecimento do assunto e técnica de linguagem), bem como a individualização da transmissão da mensagem que se pretende propagar (o modo de responder a cada um segundo o seu universo).

A linguagem assertiva pode ser definida como uma habilidade que manifestamos ao expressarmos sentimentos, pensamentos, necessidade etc., sem criar um clima de ofensa ao ouvinte ou violação dos seus direitos. É uma comunicação ou conversa equilibrada onde prevalecem o tom respeitoso - que apesar de firme, deve ser feito preferencialmente com empatia - escuta ativa e domínio próprio, sempre se utilizando de uma linguagem clara e objetiva, com um trato especial de inteligência emocional.

E por que ela estaria intrinsecamente ligada ao servidor público e, de uma maneira mais direcionada ao propósito deste capítulo, ao servidor do Judiciário Federal? Porque, dentre outros dos seus deveres legais, encontra-se o de tratar a todos com "urbanidade", conforme preceitua o art. 116, XI, da Lei. 8.112/90 (Regime Jurídico dos Servidores Públicos Civis da

União). E "urbanidade" nada mais é que a reunião dos costumes, formalidades e comportamentos, que visam expressar respeito às pessoas por meio da demonstração de civilidade e afabilidade.

E no campo da comunicação, a assertividade mostra a sua relevância, porquanto ela constitui o meio mais objetivo e direto ao transmitirmos uma mensagem a alguém, de modo que seja possível expressar eventual necessidade, emoção, opinião sem que, ao proceder desta forma, ela experimente angústia indesejada ou excessiva e sem manifestação de hostilidade.

Breve perfil do Poder Judiciário Trabalhista

O Brasil, todos sabem, é um país de dimensões continentais, dividido em várias regiões, contendo cada uma destas determinada peculiaridade relacionada à língua regional, postura social, cultura de trabalho, integração de seus concidadãos, clima, religiosidade, origem genética de sua formação etc. Como exemplo, cito o contexto do judiciário trabalhista paulista, único a possuir dois Tribunais Regionais, sendo que o da 2ª Região tem seus processos na maior parte relacionados às atividades industriais e comércio, característica típica de zonas urbanas; enquanto o da 15ª Região, de forma distinta, abarca muitas ações de ambientes tipicamente rurais, considerando-se, sobretudo, as atividades do agronegócio. E o que dizer de regiões como a do Norte do país, onde a Justiça faz-se presente muitas vezes deslocando-se pelos rios em embarcações adaptadas para a realização de audiências e afins?

Mas, independentemente de tais discrepâncias regionais e culturais, o que se observa é que, no ambiente do Poder Judiciário, encontramos um espaço propício para a análise de aplicação da linguagem assertiva por conta de seu caráter distinto, quer porque nele Juízes e servidores tratam de forma mais direta com os direitos das pessoas ou quer pelo aspecto mais formal das relações jurídicas que, de *per si,* já denotam um ar mais cerimonial e respeitoso. Pelo menos em tese.

Digo em tese porque a ideia clássica de um fórum judicial mais formal e distante, dentro das suas relações com o jurisdicionado ou entre os servidores e juízes que o compõem, vem transformando-se ao longo dos tempos numa relação mais próxima e de acordo com os novos paradigmas relativos ao serviço público que vêm sendo implantado pelo mundo a fora.

À guisa de exemplo, cito algumas das iniciativas do Judiciário neste sentido, tais como: promover centros de conciliação para resolução de conflitos individuais e coletivos; transparência de gestão; oferecimento de cursos através de suas Escolas Judiciais com vários destes voltados ao interesse social; a abertura à visitação pública esclarecendo como se dá a atividade judiciária; a instalação de Ouvidorias e a criação de programas como o "Servidor Aco-

188 | Comunicação assertiva

lhedor"[1] no âmbito do TRT da 2ª Região, destacando-se o fato de ser este regional o que mais recebe concursados de outras regiões brasileiras[2].

Este programa, inclusive, tomou incremento por volta do ano de 2014 após alguns incidentes com alguns servidores que cometeram suicídio num espaço de um mês e meio, chamando à atenção o caso de uma moça vinda de Natal, em exercício no Fórum da Barra Funda, apenas dois meses antes do seu ato. Hoje, muito já mudou e várias pessoas juntaram-se neste esforço voluntário e, preocupados com a solidão e tristeza que muitos servidores passam, buscando humanizar as relações entre todos, o que se faz ainda mais necessário no atual contexto de isolamento social. Há, além destas, outras tantas criadas pelos Tribunais Brasil a fora, visando uma aproximação com o jurisdicionado e dos seus integrantes nas suas relações *interna corporis*.

Como retrocitado, muitas vezes o Poder Judiciário passa a impressão de um órgão excessivamente circunspecto, com cara de poucos amigos. Urge salientar um aspecto interessante neste sentido. O fato de que o cidadão, ao buscar o Poder Judiciário, não se dirige a este como se fosse para um evento festivo. Ele vai para um litígio judicial preocupado com o resultado da ação e, não raro, num clima de disputa, com raiva, sentimento de injustiça, ofendido e outros sentimentos menos nobres.

Este quadro corrobora muito para um clima tenso dentro dos Tribunais e suas Varas, sendo muito positiva a aplicação da linguagem assertiva no Fórum, desde o segurança que recebe o jurisdicionado, passando pelo atendente do balcão da Vara e magistrados. Tem-se ainda que a demanda por justiça só se acentua, como já se vê pelo impacto do COVID-19 nas relações laborais, sendo certo que a apreensão do cidadão só cresceu diante das incertezas que se vislumbram no porvir.

Contudo, como em todo lugar por onde o ser humano circula, seja no âmbito público, privado seja no social, são as pessoas que o compõem que determinam seu perfil.

---

1 O programa foi escolhido pelo CNJ como uma das melhores práticas da Justiça do Trabalho em 2015, e visa uma maior integração dos recém-empossados em seus respectivos cargos e funções dentro da estrutura judiciária, e também a fim de deixá-los mais familiarizados com suas novas rotinas dando apoio técnico e afetivo.

2 Dos servidores aprovados e integrados ao TRT da 2ª Região nos últimos três concursos realizados, cerca de 60% deles são oriundos de outros estados, segundo a Dra. Luciana Bezerra, que juntamente com a Dra. Renata Beneti, é uma das juízas coordenadoras do projeto Servidor Acolhedor.

A linguagem assertiva e a saúde dos servidores do judiciário

E tomando-se o TRT da 2ª Região[3] como parâmetro, considerando-se a distribuição de competências e funções num órgão desta grandeza, a diversidade de pessoas que o compõem[4], a extenuante busca de resultados contrapondo-se com a efetiva redução de verbas e as concepções de um modelo de gestão que luta contra o ultrapassado, fica fácil vislumbrar as dificuldades dos níveis de comunicação e das suas interrelações, sobretudo, levando-se em consideração as diferentes classes sociais que os integram, linguagem regional e coloquial de cada um, a formação escolar, os credos religiosos, a dinâmica funcional e estrutural das relações (magistrados, servidores concursados, celetistas e terceirizados), tudo perfazendo um imenso caldeirão social dentro de um órgão público cujo objetivo é a efetiva prestação jurisdicional à sociedade.

Uma das recentes mudanças ocorridas no âmbito judiciário está relacionada com a nova prática de administração pública que buscou incorporar princípios da administração privada a fim de alcançar maior eficiência e produtividade, rompendo com os valores da administração pública clássica marcada pela burocracia e rigidez de processos, num ambiente extremamente hierarquizado que visava, a rigor, combater a corrupção e o nepotismo de cunho patrimonialista, mas que, ao longo dos anos, mostrou-se morosa e arcaica frente aos novos paradigmas sociais, mormente no que tange à eficiência e celeridade que se espera de um Judiciário atuante e eficaz.

Para o antigo modelo, a linguagem assertiva tinha pouca valia, dada a estrutura rígida existente que inviabilizava a absorção de ideias inovadoras não admitidas pelo administrador público, independentemente de ser este um juiz ou um diretor de secretaria ou outra seção, sendo que esta objeção muitas vezes decorre de uma postura subjetiva do administrador público, fundada em razões e estilos pessoais e/ou quando não limitados por questões legais, mesmo considerando estudos técnicos aprofundados e atuais que tratam das dinâmicas alterações sociais promovidas ao longo dos anos, o que só fez distanciar a sua gestão do anseio popular no que toca no desiderato de obter justiça em sua plenitude.

Paralelamente a esta situação, há um fato perverso que ocorre dentro do poder judiciário e que passa despercebido pela maioria das pessoas, mesmo

---

3 Este abrange a cidade de São Paulo e as regiões de Guarulhos, Osasco, ABC paulista e Baixada Santista, que aloca cerca de 5.500 servidores, em fóruns distribuídos em cerca de 32 cidades, trabalhando com mais de 900.000 processos por ano, onde se debruçam com dedicação, 94 desembargadores, outros quase 450 juízes de 1º grau, sem falar de mais de mil terceirizados como apoio.

4 Em que pesem as diferenças entre as estruturas que possam existir entre os órgãos do Poder Judiciário, os traços que descrevem suas relações funcionais aqui anotados, se equiparam para os fins do tema proposto.

as que nele estão inseridas: a ausência de "completude" para o operador do Direito dentro da máquina judiciária. Enquanto na atividade privada os objetivos são claros e a sua persecução atinge um fim esperado e palpável, na maioria dos casos, a vida dentro do judiciário impõe uma atividade que, não raro, encerra-se antes mesmo que se veja a completude do processo, uma vez que a ação trabalhista tão somente "passa" pela mão de alguém que foi só um meio dentro do andamento deste, causando também ao servidor uma desorientação quanto ao seu efetivo papel dentro da instituição e sua importância dentro do corpo judiciário.

Esta situação tem um impacto psicológico silencioso dentro do servidor do Poder Judiciário, sendo despertado para tanto só ocasionalmente como em eventos promovidos pelos Tribunais através de suas escolas judiciais ou projeto como o "Vivências" organizado pela Secretaria de Gestão Estratégica e Projetos do TRT da 2ª Região, em parceria com o Centro de Valorização da Vida (CVV), cuja finalidade é a criação de espaços de diálogo nos quais os participantes possam expressar-se e, sobretudo, escutar aos outros e a si mesmos, processo este que aos poucos vai trazendo luz sobre assuntos até então desconhecidos ou mesmo evitados na intimidade do poder judiciário, aproximando os seus integrantes nos mais variados graus de hierarquia, arejando as relações e propiciando uma melhoria no desempenho das suas funções em razão do restabelecimento de sua saúde emocional.

Conclusão

O uso da linguagem assertiva, portanto, leva ao aprimoramento das relações funcionais dos servidores do judiciário, sobretudo aliviando a sua saúde em relação às eventuais crises emocionais e tensões no ambiente de trabalho que sofram, propiciando uma melhora significativa na prestação jurisdicional à medida que são apresentados novos formatos de interação entre os servidores do Judiciário Federal e, bem assim, ao serem criados novos canais de comunicação entre a instituição e a sociedade, dando maior transparência aos seus atos com o objetivo de alcançarmos a aplicação de justiça no maior âmbito possível.

Assim, um judiciário saudável constitui uma medida efetiva de uma entrega jurisdicional mais justa e célere, de modo a atender aos princípios basilares da Constituição relacionados à administração pública insculpidos no seu art. 37, *caput*, a saber: legalidade, impessoalidade, moralidade, publicidade e eficiência.

E, por fim, a apropriação de uma linguagem assertiva nas suas mais diversas esferas de atuação conduz o Poder Judiciário neste caminho, proporcionando à sociedade uma prestação de serviço público dentro da dignidade que lhe é devida.

Referências

BRASIL. *Constituição Federal 1988*. Disponível em: <planalto.gov.br/ccivil_03/constituicao/constituicao.htm>. Acesso em: 13 de nov. de 2020.

Lei. 8.112/90 (Regime Jurídico dos Servidores Públicos Civis da União). Disponível em: <planalto.gov.br/ccivil_03/leis/l8112cons.htm>. Acesso em: 13 de nov. de 2020.

RYRIE, Charles Caldwell. *A Bíblia de estudo anotada expandida*. Barueri: Ed. Sociedade Bíblica do Brasil, 2015.

23

COMUNICAÇÃO ASSERTIVA: CONTRIBUIÇÕES AO TRABALHO POLICIAL MILITAR

O capítulo aborda o uso da comunicação assertiva na resolução de conflitos e nos processos de liderança nas práticas profissionais dos policiais militares de modo a colaborar para melhores níveis de saúde mental e para o fortalecimento das relações interpessoais no âmbito institucional.

ALEXANDRA VALERIA VICENTE DA SILVA

Alexandra Valeria Vicente da Silva

Doutora em Psicologia pela UFRJ, mestre em Psicologia Social pela UERJ, graduada em Psicologia pela UERJ. Atualmente é psicóloga do Batalhão de Operações Policiais Especiais na PMERJ. Tem experiência em Psicologia Social e Psicologia em Emergências e Desastres. Atua principalmente junto aos temas: comportamento suicida; mediação de conflitos e negociação policial; gestão de riscos e desastres; primeiros cuidados psicológicos; criminologia; psicologia militar e da segurança pública. Integra, como pesquisadora, o Instituto de Pesquisa, Prevenção e Estudos em Suicídio. Membro da Associação Brasileira de Prevenção ao Suicídio, e da Associação Brasileira de Redução de Riscos e Desastres. Psicóloga voluntária da Força Especial em Psicologia – CVB/SP. Analista em Inteligência emocional. *Master coach*.

Contato
alexandravicente.s@gmail.com

As reflexões e propostas desenvolvidas aqui foram elaboradas a partir do trabalho como psicóloga na Polícia Militar do estado do Rio de Janeiro por mais de 18 anos. Durante esse tempo, foi possível atuar em diversas unidades, cujos perfis operacionais variados permitiram a análise e a proposição de ideias acerca da relevância e do impacto da comunicação assertiva nas práticas policiais militares.

Mas de modo algum se tem a pretensão de que a comunicação assertiva seja a solução para o sucesso das operações policiais, bem como para melhoria das relações institucionais! Primeiro porque uma comunicação assertiva favorece, sim, a compreensão dos fatos, ideias e afetos envolvidos na comunicação; porém, isso não necessariamente significa que haverá "sucesso", isto é, que os envolvidos concordarão e aceitarão o que foi exposto em função da técnica utilizada. Assim, a comunicação assertiva não determina o resultado de uma comunicação, apesar de poder afetá-la.

Um segundo aspecto refere-se à complexidade das ações policiais, as quais muitas vezes são permeadas por significativos riscos à vida e à saúde do policial. Assim, eventualmente o policial, mesmo dominando as técnicas da comunicação assertiva, poderá não ter espaço operacional para utilizá-la devido à alta letalidade da ação.

Pensando nas diversas atuações em que caibam os processos comunicacionais durante o trabalho policial, pretende-se contribuir para maiores níveis de eficiência e eficácia nas ações, bem como para a melhoria das relações interpessoais vivenciadas no contexto da própria instituição. Entende-se que todos os aspectos decorrentes de um bom e empático processo comunicacional contribuem fortemente para um melhor nível de qualidade de vida e, consequentemente, de saúde mental dos profissionais.

Mas quais seriam as contribuições da comunicação assertiva ao trabalho policial militar? Tais contribuições podem agregar valor às práticas desses profissionais? E o policial militar, quais são as práticas profissionais previstas?

As ações realizadas pelo policial colocam-no integralmente em variadas situações junto ao contexto social, o que suscita uma constante interação com "o outro", um interminável processo de comunicação que demanda variadas ferramentas de intervenção.

Um importante aspecto do trabalho policial refere-se ao uso da força. Tal conceito estabelece que o policial deva ser capaz de atuar de forma ordenada e progressiva para a solução dos conflitos, bem como para evitar que os mesmos eclodam. O referido princípio invoca o "gradiente de uso da força", isto é, o domínio de técnicas que permitem intervir nas mais diferentes situações de forma distinta, e sempre de acordo com a resistência oferecida à abordagem policial.

Algo comum entre os modelos que tratam do uso legal da força no trabalho policial militar é a "verbalização", ou seja, o "comando de voz" feito pelo profissional. E é aqui que surge uma das possibilidades de emprego da comunicação assertiva durante o trabalho policial. Estar preparado para emitir um comando de voz baseado nos princípios da comunicação assertiva poderá favorecer o policial a ser atendido em sua solicitação.

A atuação policial prevê a intervenção em um imenso número de situações sociais com objetivo de evitar a eclosão de conflitos ou de contribuir para a resolução dos mesmos. Nesse cenário, para o policial é imprescindível saber comunicar-se. Ou seja, estar preparado para ouvir sem julgamentos; identificar as emoções presentes e sugerir, de modo claro e objetivo, alternativas para as divergências (ROSENBERG, 2006).

Como mencionado, o policial militar atua de diferentes maneiras junto ao contexto social. Para isso deverá haver uma seleção, um treinamento e um responsável pelas ações a serem efetivadas. Tem-se então mais um campo importante para o emprego da comunicação assertiva: organizar grupos, formar equipes e liderar profissionais através de práticas que podem custar a própria vida e saúde ou a de colegas.

Dentre as variadas possibilidades de atuação do policial militar, esse capítulo abordará, na perspectiva da comunicação assertiva, dois tópicos que constantemente atravessam as práticas policiais militares: a resolução de conflitos e o estabelecimento de lideranças.

Conflito e trabalho policial militar

Os conflitos com os quais os policiais deparam-se são variados e podem estar tanto no desenvolvimento das ações externas quanto no cotidiano das corporações, ou seja, nas relações profissionais e de camaradagem estabelecidas nas unidades. Mas o que é conflito? O conflito ao qual o policial é chamado a intervir é diferente de outros?

De modo geral pode-se afirmar que o conflito é uma situação de oposição e desacordo entre as partes. As pessoas podem apresentar opiniões diferentes sobre os mesmos aspectos e estas diferenças tendem a gerar conflitos.

196 | Comunicação assertiva

É então algo "normal" e esperado que ocorra. Segundo Frankl (1984), "Nem todo conflito é necessariamente neurótico; certa dose de conflito é normal e sadia".

Agressões, disputas e ofensas verbais são possibilidades de respostas a uma situação de conflito; contudo, não são as únicas. O conflito pode ser um processo que culmine com a adoção de ações adequadas e positivas ao respectivo cenário, favorecendo o crescimento emocional de todos os envolvidos.

Os aspectos que mais parecem contribuir para a formação de um conflito são a frustração, as diferenças de personalidade e as distintas percepções e compreensões acerca de determinada condição, ou seja, em sua maior parte, perspectivas subjetivas e pessoais. Se por um lado isso dificulta o manejo do conflito, por outro demonstra que há espaço para o treinamento de abordagens pautadas em processos comunicacionais de orientação assertiva.

Mas o que os conflitos podem causar? Os conflitos desenvolvidos no contexto institucional, bem como aqueles que eclodem no contexto social, contribuem para a criação de tensões emocionais, perda da objetividade, da credibilidade, da clareza argumentativa e da empatia. Lidar com conflitos sem estar preparado para as consequências, bem como desprovido de instrumental para intervir, pode afetar a compreensão do fato e dificultar a sua resolução. Em último plano, têm-se profissionais menos assertivos, com baixa produtividade na resolução de conflitos e mais favoráveis ao adoecimento físico e emocional.

As principais situações de conflito nas quais o policial é convocado a atuar podem ser observadas no contexto institucional, em situações de treinamento, no serviço interno/administrativo e nas próprias relações pessoais. Mas também estão no ambiente social, ao realizar uma abordagem, nas diversas ocorrências policiais e quando chamado atuar para a mediação de algum conflito.

Importante observar que as características do trabalho policial fazem com que em algumas situações de conflito exista um maior risco a vida do policial ou a de terceiros. Essa possibilidade contribui para a elevação da tensão, acirramento do conflito e maior dificuldade em manter uma comunicação clara, objetiva e empática.

Liderança e trabalho policial militar

Ao pensar a comunicação assertiva no processo de liderança na organização policial militar, espera-se não apenas contribuir para o alcance das metas institucionais, mas, principalmente, valorizar a relevância dos vínculos emocionais, baseados em respeito, reconhecimento e comprometimento para a consecução das ações a serem realizadas pelos policiais militares.

Lideranças fortes, reconhecidas e legitimadas podem contribuir para a qualidade de vida e a saúde do policial militar. Isso, pois, o alto risco de morte presente no cotidiano desses profissionais faz com que a confiança percebida nos responsáveis pela condução das práticas profissionais seja um primeiro canal de proteção e prevenção ao adoecimento psíquico.

Liderança sugere a capacidade de comandar pessoas, atrair seguidores e influenciá-los positivamente em suas formas de pensar e agir; levá-los ao alcance de suas metas de forma natural, motivacional e comprometida (CAVALCANTI *et al*, 2009).

É importante que os líderes saibam trabalhar a comunicação assertiva de modo a garantir diálogos proveitosos e que realmente promovam entendimento e conexão. Isso fará com que se aproximem de seus liderados, sendo empático com as suas necessidades, evitando pequenas confusões e/ou conflitos, assim como contribuindo para um ambiente organizacional mais colaborativo e motivacional.

Os líderes devem conseguir expressar-se de forma aberta e honesta, reconhecendo os direitos dos outros. Isso contribuirá para um melhor alcance das metas, pois a falta de uma comunicação clara e direta pode aumentar os conflitos e a insatisfação. No caso da polícia militar, a não identificação de lideranças pode contribuir para a não implicação nas ações a serem desenvolvidas e para o rompimento dos vínculos institucionais e de camaradagem.

Nas organizações policiais militares, a liderança assertiva deve ser exercida com base nas próprias habilidades pessoais de envolvimento, comprometimento com o time e com os valores do mesmo, e não apenas com base na hierarquia. A primeira pode motivar e arrastar; a segunda luta para realizar o "previsto".

O líder que comanda de forma assertiva é capaz de criar e fortalecer vínculos e valores de modo que as pessoas empenhem-se com os resultados a serem alcançados e com a missão a ser desenvolvida. Isto ocorre, pois a equipe sente-se confortável em posicionar-se. São capazes de emitir opiniões, uma vez que sabem que serão ouvidos, mesmo que isto não signifique concordância de ideias. Os diálogos são baseados em respeito e reconhecimento.

Comunicação assertiva e trabalho policial militar

O processo de comunicação não é apenas a emissão de mensagens, mas depende ainda do entendimento do outro. A Comunicação Assertiva contribui para que as ideias sejam transmitidas de forma concisa, mesmo diante de situações de conflito (ROSENBERG, 2019). Contudo, uma comunicação, para ser assertiva, pressupõe a capacidade de escuta. E ouvir é mais do que "estar em silêncio". É necessário demonstrar atenção, acolhimento e respeito.

A comunicação assertiva propicia um processo comunicacional claro, objetivo e honesto. Mas não apenas para quem fala, pois ainda estimula que o "outro" se expresse da mesma forma. Saber o que se pretende transmitir, tanto em termos de conteúdo quanto no aspecto emocional, é fundamental para a prática da comunicação assertiva. Do mesmo modo, é essencial ter claro as mudanças pretendidas no outro e no ambiente. Isto é, qual o resultado buscado no processo comunicacional? Qual mudança quer se produzir?

Considerações finais

O caminho aqui percorrido mostrou que sim, o emprego da comunicação assertiva pode impactar de modo positivo nas práticas policiais militares, principalmente no que tange a resolução de conflitos e ao desenvolvimento e fortalecimento das lideranças.

Assim, por um lado, é possível contribuir para uma maior efetividade na resolução de conflitos. E, por outro, para o fortalecimento das relações institucionais, vivenciado através de um maior nível de confiança nas lideranças legítimas. Ambos os aspectos contribuem para melhores níveis de qualidade de vida do policial, principalmente no que diz respeito às emoções, ao manejo do estresse e à saúde mental dos profissionais.

Mas para o desenvolvimento de uma comunicação assertiva na resolução de conflitos e no estabelecimento da liderança, é importante investir no desenvolvimento e fortalecimento de algumas habilidades: determinação; empatia; adaptabilidade; controle emocional; sociabilidade; resiliência; ser capaz de ouvir com respeito e demonstrar verdadeira atenção.

Também será necessário estar pronto para não rejeitar as críticas, sendo capaz de avaliar a validade das mesmas; acolher as diferenças sem julgamentos de valores. Deve-se ainda ter atenção ao vocabulário e conteúdo do que se é dito... Não basta falar; tem que se ter domínio do que se fala... vivência! Outro aspecto relevante diz respeito à comunicação não verbal: o corpo deve reforçar o que é dito!

Na prática da comunicação assertiva deve-se estar pronto para oferecer e buscar informações; dizer o que sente e procurar identificar o que o outro sente e esclarecer a respeito das mudanças esperadas no contexto, bem como identificar as próprias alterações que se pode fazer.

Por fim, a prática continuada da comunicação assertiva favorece o aumento da autoconfiança e de relações interpessoais mais maduras e fortalecidas, pois são baseadas no respeito e na confiança.

Referências

CAVALCANTI, V. L.; CARPILOVSKY, M.; LUND, M.; LAGO, R. A. *Liderança e motivação*. Rio de Janeiro: FGV, 2013.

FRANKL, V. E. *Em busca de sentido*. Petrópolis: Sinodal-Vozes, 1984.

MARSHALL, B. R. *Comunicação não violenta*. São Paulo. Ágora, 2006.

MARSHALL, B. R. *Vivendo a comunicação não violenta*. Rio de Janeiro: Sextante, 2019.